底气之城 和气之城 福气之城

苏州学

苏州市社会科学院 编

王 俊 主编

苏州新闻出版集团
古吴轩出版社

图书在版编目（CIP）数据

苏州学 / 苏州市社会科学院编 ； 王俊主编.

苏州 : 古吴轩出版社, 2024. 12. -- ISBN 978-7-5546
-2520-0

Ⅰ. K295.33

中国国家版本馆CIP数据核字第2024UU0603号

责任编辑：李　倩
封面设计：韩桂丽
装帧设计：杨　洁
责任校对：胡敏韬
责任照排：白　杨
图片提供：视觉苏州　陈　炜　曾　旺

书　　名：苏州学
编　　者：苏州市社会科学院
主　　编：王　俊
出版发行：苏州新闻出版集团
　　　　　古吴轩出版社
　　　　　地址：苏州市八达街118号苏州新闻大厦30F
　　　　　电话：0512-65233679　　邮编：215123
出 版 人：王乐飞
印　　刷：苏州市越洋印刷有限公司
开　　本：787mm×1092mm　1/16
印　　张：16.75
字　　数：203千字
版　　次：2024年12月第1版
印　　次：2024年12月第1次印刷
书　　号：ISBN 978-7-5546-2520-0
定　　价：98.00元

编委会

城市如人，有生命，有周期；有历史，有现状；可比较，可追溯；有规律可循，有学问可究。

城市学形成于西方十九世纪末二十世纪初，是一门从整体上研究城市产生、运行和发展的综合性学科。

我国城市学的研究与国际几近同步，1980年提出了延安学，1985年提出了上海学，而后即有澳门学、成都学、杭州学、西安学等数十个城市学相继提出，研究有道，成果斐然。

苏州学属于研究范畴。苏州所以为学，概因苏州拥有深厚的历史文化底蕴、丰富的自然人文地理资源、独特的城市发展模式、持续并强劲的经济活力、政府政策支持的学术推动等特定优势，并已形成相关学科概念和学术体系研究的基础理论和阶段成果。

苏州学的研究，现已有两大课题的规划及其相应成果的推出，即《苏州学导论》和《苏州学》（城市礼品版）。

《苏州学导论》以苏州学基础理论、苏州历史文化、苏州城市建设、苏州当代发展、苏州人和苏州城市精神五大方向为研究宗旨；深刻领会习近平文化思想的丰富内涵，遵循文化强国建设的内在要求；聚焦苏州，贯通古今,意在突出通过强化文化软实力,推动苏州在中国式现代化进程中走在前、做示范、当好排头兵,发挥其特定影响和激励效应。

《苏州学》(城市礼品版)可谓是《苏州学导论》的简约版。《苏州学导论》旨在提出苏州学的概念导向和理论体系的研究性阐释;《苏州学》(城市礼品版)则重在苏州学理论基础上的苏州城市品牌的形象塑造和大众传播。

《苏州学》(城市礼品版)推出五大形象概念体系:

一是城市品牌的千年回响。从"上有天堂,下有苏杭"到底气之城、和气之城、福气之城,千年持续,千年印证,当今世界,绝无仅有。

二是物华天宝,吉天福地。从环太湖世界级湖区到近郊、中郊、远郊的山温水软,自然地理环境优越的苏州堪称古今中外罕见的绝佳风水宝地。

三是文化灿烂,底蕴深厚。从江南文化核心区、吴文化发祥地到阖闾城、平江图、姑苏繁华图、国家历史文化名城保护区,鲜活呈现,生生不息;古韵今风,熠熠生辉。

四是精神感召的持续城市活力。从崇文重教、人到苏州必有为到"三大法宝"、最强地级市,苏州的城市理念、城市精神、城市活力互为渊源,交相辉映。

五是苏式生活,精致雅趣。苏州园林甲天下,世界遗产典范城市,"俗繁节又喧",大俗大雅、精致雅趣的苏式生活,代代相传,一脉相承;实时惊艳,永恒时尚。

《苏州学》(城市礼品版)一册在手,慕其名,迷其魅,情不自禁,不是苏州人,当是苏州粉!

目　录

上有天堂

下有苏杭

追根溯源，这句经典的江南城市广告语究竟出自哪个高人之手呢？翻看典籍，有人认为"上有天堂，下有苏杭"的说法可追溯至唐代。唐代诗人任华曾作《怀素上人草书歌》，诗中这样写道："人谓尔从江南来，我谓尔从天上来！"虽然这首诗是任华用来赞颂书法家怀素恣意纵横的书法作品和潇洒放浪的书法家气质的，可字里行间，已经有了"江南"和"天上"的关联。

"天堂"之美誉

苏杭并称，不仅仅是因为一条运河连接了南北。这与两地在漫长历史岁月中从纠缠到对抗，进而不断交融、互通，商业往来，经济繁盛，在此基础上，江南文人群体的交游实现了文化的交流，从而逐渐构筑起"苏杭"这一"江南风物、人间天堂"的文化符号和范式。

白居易的"苏杭"情怀

唐代后期，自称"苏杭两州主"的白居易曾有云："江南名郡数苏杭。"他在杭州任上，写下了"知君暗数江南郡，除却余杭尽不如"的诗句。唐宝历元年（825），他调任苏州刺史。在短暂的一年零五六个月的时间里，这位被苏州人称为"诗太守"的"学者型官员"为苏州开挖、疏浚了山塘河，至此便有了"七里山塘通虎丘"的繁华景象。

白居易对苏州的情感很深，也很真切，以至于他在离开苏州后，给刘禹锡的《和梦得忆苏州呈卢宾客》一诗中提道："忆在苏州日，常谙夏至筵。粽香筒竹嫩，炙脆子鹅鲜。水国多台榭，吴风尚管弦。每家皆有酒，无

水泽江南　蒋涛摄

处不过船。……"他虽人在洛阳，心里却无比怀念在苏州的日子。粽香、老鹅、台榭、管弦、美酒、画船，甚至是在苏州人看来都很令人苦恼的梅雨天气，在他的诗句里也是"洛下麦秋月，江南梅雨天"这样的表达。因此，这也难怪他称苏州"甲郡标天下，环封极海滨"。读他晚年写给殷尧藩的一首诗："江南名郡数苏杭，写在殷家三十章。君是旅人犹苦忆，我为刺史更难忘。境牵吟咏真诗国，兴入笙歌好醉乡。为念旧游终一去，扁舟直拟到沧浪。"字里行间，对在苏生活的怀念溢于言表。抑或正是自此始，有了"苏杭"并称的意象。

"天堂"美誉的经典演绎

后来，南宋诗人范成大隐居石湖。在长达10余年的时间里，范成大在石湖之畔种梅、养菊、作诗、会友，号"石湖居士"，在苏州城南石湖，这一片千年前吴越争霸的古战场、如今风景旖旎的归隐地，过起了一生中最为平静从容又风雅有致的日子。他在编纂的苏州地方志《吴郡志》中写道："谚曰：天上天堂，地下苏杭。"又曰："苏湖熟，天下足。"到了元代，奥敦周卿把谚语变换后写进了他的一首小令《蟾宫曲》："春暖花香，岁稔时康，真乃上有天堂，下有苏杭。"至此，"上有天堂，下有苏杭"城市品牌传播的广告语，便一直流传到今日，名扬海外且至今很难被超越。

之后历代，也多有引述。"有"字有时也作"说"字。明代冯梦龙的《古今小说》第一卷中有记载："兴哥久闻得'上说天堂，下说苏杭'，好个大马头所在，有心要去走一遍，做这一回买卖，方才回去。"明末清初李玉的《清忠谱》中《闹诏》里亦有"自古道，上说天堂，下说苏杭"的说法。

前人笔下对苏杭最艳羡的，恐怕要数清代刘鹗《老残游记》中曹州董家口一爿油盐杂货店的掌柜了。这位掌柜听说老残从江南来，便说："江南真好地方，上有天堂，下有苏杭，不像我们这地狱世界。"晚清时候，山东、河南一带黄河频频决口，土地贫瘠，民不聊生。这位掌柜的话肯定是针对当地现状有感而发的；但他把自己生活的地方比作地狱，并拿来与素有天堂之称的苏杭相比，想来是对苏杭的赞美之情溢于言表的。

苏州：江南唯一"雄州"

苏州，是太湖流域的核心地区，具三江五湖之利，是江南腹心。早期苏州地区的代表文化样式——吴文化是中原礼序文化与早期江南土著文化交融而产生的新的文化样式。作为吴文化与江南文化的中心地，苏州，在唐大历年间晋升为江南唯一"雄州"。"江南诸州，苏最为大；兵数不少，税额至多。"（《唐会要》卷七十）以至于元代时意大利人马可·波罗在中国长达十七年的旅行中，将苏州视作最重要的一站。这段经历被详细记载在他的著作《马可·波罗行纪》（下称《行纪》）中。

马可·波罗对苏州的第一印象极为深刻，他形容苏州城"漂亮得惊人"。他称苏州为"地城"，物产丰饶，有"苏湖熟，天下足"和"上有天堂，下有苏杭"之美誉，称其为"东南之冠"，为全国经济重心之所在。这里，他也用到了"上有天堂，下有苏杭"这一谚语。

他描述苏州城占地甚广，人口稠密，生齿繁多，且以工商业为生。马可·波罗特别提到苏州的丝织业非常发达，产丝甚饶，以织金锦及其他织物闻名。这些丝绸不仅在中国国内销售，还大量出口到国外。同时，苏州城内工商业繁荣，商贾云集，工艺十分兴盛，有各种技艺的工匠和艺人。

关于城市风貌，马可·波罗描述了苏州水网密布和桥梁众多的特点。他提到苏州城有桥六千，皆用石建，桥甚高，其

马可·波罗

意大利旅行家。马可于元至元八年（1271）随父叔叔从意大利出发，沿着之路来到中国，他们的主要是与元朝皇帝忽必烈建立并沿途考察各地的风土人商贸活动。得元世祖忽必任，出使各地，仕元17年。中国文化礼仪，熟谙汉语和语。游历几遍中国，曾至今新甘、内蒙古、晋、陕、川、滇、苏、浙、闽及北京等地。

下可行船，甚至两船可以并行。这一描述虽然有些夸张，但确实反映了苏州的水乡特色。他还提到苏州城有护城河环绕，城内外交通便利，船只和桥梁是居民日常出行的重要工具。在《行纪》中，马可·波罗还提到苏州城内文士、医师甚众，这反映了苏州作为文化名城的地位。马可·波罗对苏州的描述，使得苏州城在欧洲被广泛关注，欧洲人对东方的神秘和富饶有了更深入的了解。读他的《行纪》，我们可以从一个外国友人的视角更好地感受"上有天堂，下有苏杭"这句家喻户晓的城市形象宣传标语更深层次的含义。

"三生花草梦苏州"，这是清代大诗人龚自珍用来抒写他对苏州的向往之情的诗句。这里有万年之前旧石器时代人类活动的遗迹，也有"三江既入、震泽底定"的上古时期治水的记载与传说。

给苏州改名"苏州"

隋开皇九年

公元前十一世纪西周泰伯、仲雍南来，建勾吴。春秋时，东周寿梦于公元前585年称王，吴国实力渐强。战国初（公元前473年），越灭吴，吴国地属越。后楚灭越，吴越之地尽属楚。秦始皇统一中国后，立郡县制，始建吴县，属会稽郡，郡治、县治均设于吴国故都（今苏州城址）。汉代设吴郡。三国时属孙权吴国。南朝时属梁，设吴郡。隋开皇三年（583）废郡以州治，吴郡改称吴州；九年（589）改吴州为苏州，苏州得名自此始，领吴、昆山、常熟，以及今浙江省的长兴、吴兴等5县。宋为平江府。元改平江路为治所。元至正十六年（1356）张士诚改称隆平府。明洪武二年

（1369）称苏州府。清代续为苏州府。1912年撤苏州府，设吴县。1928年建苏州市；1930年撤销，复称吴县。

新中国成立后

新中国成立后，苏州分为苏州市和苏州专区两个行政区。1953年1月之前和1958年7月至1962年6月，苏州市曾两次划归苏州专区。1953年至1957年，无锡、江阴、宜兴和武进4县先后划归苏州专区。1956年初，宜兴划归镇江专区。1958年初，苏州专区与松江专区合并。是年7月，武进县划归镇江专区，11月原松江专区所属各县划归上海市。1961年，从常熟、江阴划出部分公社，成立沙洲县。1983年初，江阴、无锡两县划归无锡市。苏州实行市管县体制，下辖1市（常熟）5县（沙洲、太仓、昆山、吴县、吴江）和平江、沧浪、金阊、郊区4个区。之后，5个县先后撤县建市，其中沙洲县更名为张家港市。1992年和1994年先后从吴县及郊区划出部分乡镇，分别设立苏州高新区和苏州工业园区。1993年被国务院批准为"较大的市"。2000年9月郊区更名为虎丘区。2001年初，吴县市撤销，并入苏州市区，设立吴中、相城两区。2002年，苏州高新区与虎丘区合并。2012年9月，撤销沧浪区、平江区、金阊区，以原沧浪

平江路历史文化街区

位于苏州古城东北隅，是苏州保存完整的历史街区之一，距今已有2500多年的历史。这里不仅保留了大量的明清古建筑，还蕴藏着丰富的历史文化和传统技艺，是研学苏州古城文化的绝佳地点。

平江路古名"十泉里"，则是因为该路有古井十口。这些古井见证了平江路悠久的历史。

在这里可以欣赏到江南水乡的独特风貌，感受到苏州园林的韵味，还能品尝到地道的苏州小吃。同时，平江路还保留了许多传统手工艺，如刺绣、剪纸、泥塑等，为人们提供了深入了解苏州传统文化的机会。

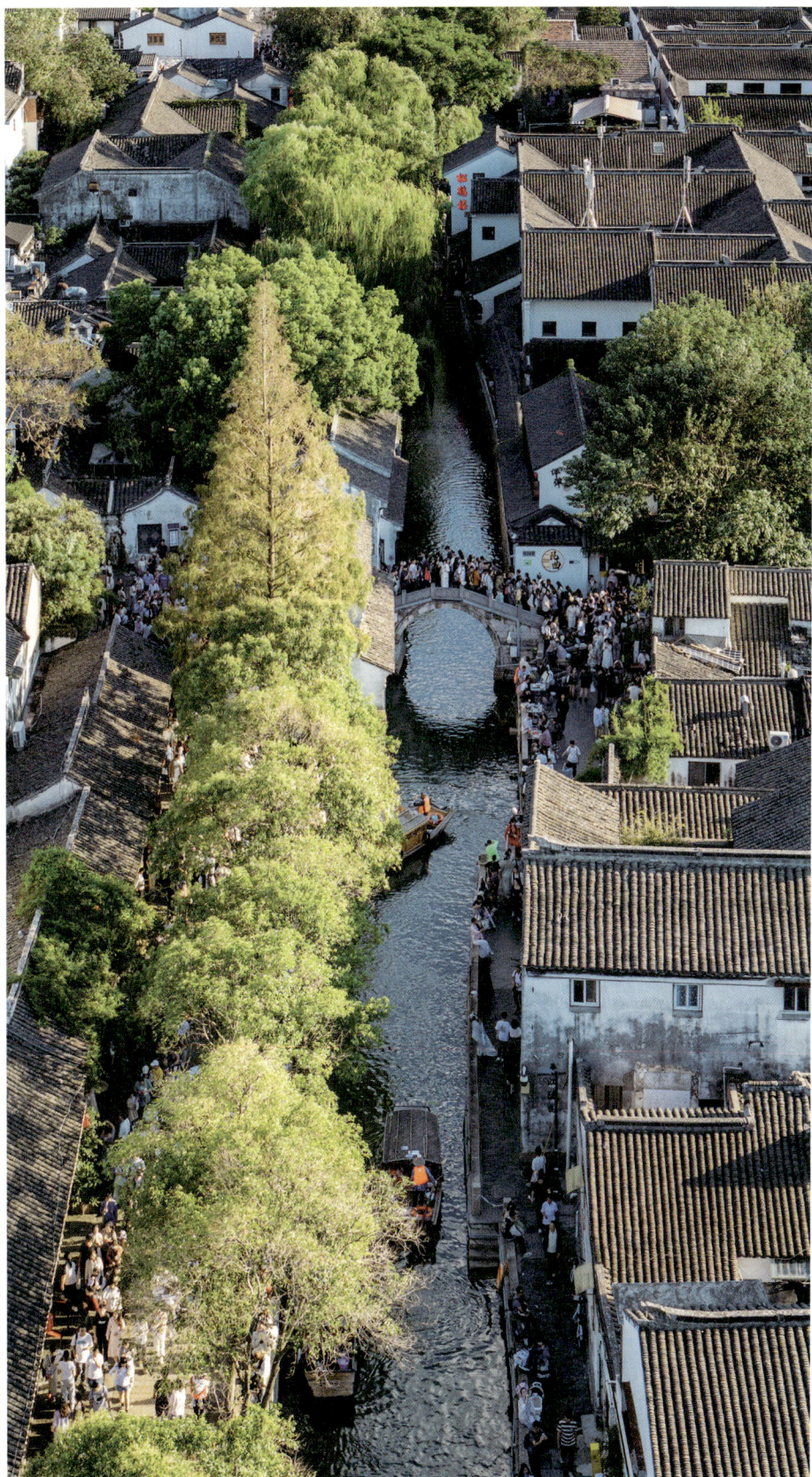

区、平江区、金闾区行政区域设立姑苏区；撤销县级吴江市，设立苏州市吴江区。2023年末，全市共有51个镇、46个街道，1328个居委会、938个村委会。

苏州古城探微

　　作为全国第一批历史文化名城，全国唯一的历史文化名城保护区——苏州，自古通江达海，枕湖带河。区域内湖泊、水道分布极为稠密，河网水系极为发达，作为全省湖泊最多的设区市，素有"水乡泽国"之称。太湖秀美而物产丰盈，江南运河苏州段勾连长江、吴淞江，由西向东，穿过江南运河，在上海汇入黄浦江，连通东海。太湖为心，运河脉动，将星罗棋布的湖泊河荡和纵横交错的水巷河道连成一片，"绿浪东西南北水，红栏三百九十桥"，黄金水道的运河水系、水乡古镇风貌水系、三横四直的城内水系及逐水而建的园林水系，交相辉映，融汇合璧，从而形成了苏州举世无双的水城格局和独有的水文化积淀。

文人歌咏

　　说起水城格局，"吴趋自有始，请自阊门起"，这是晋代著名诗人陆机脍炙人口的《吴趋行》中的诗句。吴趋，为古代苏州六十坊之一。而陆机的《吴趋行》借乐府杂曲歌辞来描述吴郡（即现苏州）宏伟的建筑、丰富的物产。陆机，是晋吴郡华亭人。从他的这首诗中，我们读出了关于乡邦文化的浓浓的自豪感；也从这首诗开始，历代文人对于苏州城的歌咏不绝于耳。

"彼美吴姝唱，繁会阖闾邦。千坊万井，斜桥曲水小轩窗。缥缈关山台观。罗绮云烟相半。金石压抃撞。"北宋著名词人贺铸在《水调歌头》中有这样的记录。春秋时，伍子胥"相土尝水，象天法地"所建的阖闾大城，为当时吴国的繁盛奠定了重要的基础，更是后世姑苏繁华的逻辑框架。

代名词：阖闾城

"相土尝水，象天法地，造筑大城，周回四十七里。陆门八，以象天之八风。水门八，以法地八聪。筑小城，周十里，陵门三。"这是《吴越春秋》中的记载。在一片水网地带，伍子胥为吴王阖闾筑起大小二城，大城即现在苏州城的雏形。从文献记载看，阖闾城采用了"外郭、大城、小城"三重城的形制。

平门河日落　阙明芬摄

《越绝书》有记载:"吴大城,周四十七里二百一十步二尺。陆门八,其二有楼。水门八。"大城外有"吴郭,周六十八里六十步"。内有"吴小城,周十二里。其下广二丈七尺,高四丈七尺。门三,皆有楼,其二增水门二,其一有楼,一增柴路"。这样的形制与春秋战国时期各诸侯国的都城建设制度基本一致。小城供帝王和贵族居住,号称宫城。吴小城的周围与大城一样,有城壕环绕,因为依水筑城,2500多年来,苏州水路未变,城址也就始终保持如初,这在世界建城史上或许该算是个特例。

此后,阖闾城几经兴废,至宋徽宗政和、宣和年间,苏州城墙得到了进一步的修治和加固。街道以双棋盘式构建布局。所谓双棋盘式,是指苏州古城稠密的河道纵横交织成方格形的河网。街巷与河道紧密相邻且平行,亦是方格形的路网。河道和街巷的走向多呈南北或东西直线状,河与街构成两张水和陆的方格网,几成重叠状,宛如两张围棋棋盘重叠在一起。这种"水陆相邻、河街平行"的双棋盘式城市格局,创建了水陆相辅相成、上下互不干扰的两套交通系统,非常科学合理。街巷在上,河道在下,无论人车舟马都可以按各自的交通方式,互不干扰地运行在自己所需要的水道或陆路上,畅通无阻,而且还便于实现水陆交替联运和水陆交通衔接。

从现存南宋《平江图》可知,现在的苏州城与宋代平江城的城市布局大致相同。苏州的城市,子城位于城内偏东南,

〔清〕徐扬 《姑苏繁华图》阊门大街

平面为纵长方形，其他的城市布局，主要以它为中心，环布左右。子城北部，街道河流密集，主要是居民聚居区。城西南则有驿馆、府学及贡院等。城内有各类行业街市，如米行、花市等。城内四周邻近城墙处还建有多座军寨。城内园林以水为特色，均巧妙地依水而筑。城内南北河道6条，东西河道14条，有大小桥梁300多座。全城共有古塔12座、跨街楼坊65座，还有庙宇寺观近50处。明清两季，苏州城墙也是屡遭战火，又屡经修葺。应该说，自伍子胥筑阖闾城后，苏州城市的基本规制大体未有大的变化，经宋而及明清，苏州城池得到了进一步的修建，城市进一步繁荣，而"阖闾城"也因此成为苏州古城的代名词，在历代文人的笔下屡屡出现，成为书写古代苏州城市的关键词。

文化底蕴

"朝游盘门东,暮出阊门西",这是北宋诗人王安石《泊舟姑苏》中的诗句。苏州是一座通史型的古老水城,公元前514年,伍子胥所筑的阖闾大城开设水陆城门各8座,分别是阊、胥、盘、蛇、娄、匠、平、齐。说起水城门,这是水乡古城所特有的城池构件,内外城河之间的水运通过水城门沟通,古城水系的水流也是由水城门进行节制。苏州古城建成之初,采用"天八风、地八聪"的说法,水城门与陆城门相伴出现;春申君治下,胥门不设水城门以御胥江太湖来水,同时新设葑门,其水城门可助城内之水东泄;宋代《平江图》上,盘门、阊门、平门、齐门、娄门、葑门等都有水城门;在其后各时期地图上,这些水城门与陆城门一起,世代相传。

南宋范成大《吴郡志》明确记载:"门之名,皆伍子胥所制。"苏州古城门取名单字,简约典雅,又都各有特定的来历和深刻的寓意,体现了各

盘门三景　王亭川摄

自的环境和特色，蕴藏着深厚的文化信息。尽管随着历史变迁，这些城门在不同的朝代有的废塞，有的更名，甚至有的被拆建多次，但苏州城门一直在历代文人笔下被记录着。以阊门为例，曹雪芹《红楼梦》开篇就赞阊门"最是红尘中一二等富贵风流之地"。

阊门，位于现在苏州古城的西北，乾隆《吴县志》卷之七《城池》中记载："《越绝书》作昌门。旧《志》：宋承平时，有楼三间，甚宏敞，苏舜钦尝题诗其上。《续记》云：此门旧有李阳冰篆额，建炎中，门废。宝祐二年，赵汝历复建。"阊门在晋代时高楼飞阁，十分壮丽。其后沧桑变幻，迭经兴废，至宋，阊门仍然有门楼三间，很为宏敞。苏舜钦曾题诗其上，有"家在凤皇城阙下，江山何事苦相留"之句。明代重修阊门，郡守刘公蹯在城楼宴客，诗人徐有贞即席赋诗，有"人间看尽三千界，天上移来十二楼。……双手可将红日捧，扶桑只在画栏东"等句，足见明代的阊门城楼，壮观依旧。

当然，因阊门最早时为伍子胥所建，《吴越春秋》说"立阊门者，以象天门通阊阖风也。……阖闾欲西破楚，楚在西北，故立阊门以通天气，因复名之破楚门"。在这里，阊门被赋予了一种征战胜利的王者气象，也彰显了吴王阖闾励精图治的称霸精神。唐代著名诗人韦应物有《阊门怀古》："独鸟下高树，遥知吴苑园。凄凉千古事，日暮倚阊门。"此外，唐代李商隐也有关于阊门的《无题》诗："闻道阊门萼绿华，昔年相望抵天涯。岂知一夜秦楼客，偷看吴王苑内花。"这类的咏怀诗大都将阊门与"吴苑""吴宫""吴王"联系起来，以发思古之幽情；也正是这老阊门，见证了朝代的兴衰与历史的更替。

除此以外，更多的便是借阊门而讴歌姑苏繁华的诗句。金阊繁华，历代歌咏者不绝，单《阊门即事》诗就有好多，唐代的张继、明朝的唐寅都曾经写过。而唐寅的《阊门即事》流传更广："世间乐土是吴中，中有阊门更擅雄。翠袖三千楼上下，黄金百万水西东。五更市买何曾绝，四远方言总不同。若使画师描作画，画师应道画难工。"清代孙嘉淦在《南游记》里提到苏州阊门，用了这样的描述："居货山积，行人流水，列肆招牌，灿若云锦。"乾嘉年间，十里金阊店铺多达数万家，丝绸、染织、烟草、米行、菜馆、药材、古玩、酒肆、珠宝、戏院、青楼等等，各行各业应有尽有。民宅、会馆、行帮、商会又与之比邻，阊门一带是真正五方杂处之地。这些，在历代关于苏州的诗词题咏中都有所体现。

苏州——文人墨客笔下的江南水乡典范

明清苏州称"江南之最"，是古代吴、楚、越文化相生相融之地。特别是明代中期以后，苏州经济发达，人才荟萃，率先进入早期工业化社会，其产业、商业、人文艺术及相关生活方式引领全国时尚，享有"时尚之都""天下三甲""状元之乡""园林之城"之美誉。五六千年的农耕土壤，3000年的吴文化根基，2500多年的春秋故都，1500年的佛道教文化熏陶，1000多年的唐代城市格局和800多年前宋代街坊风貌以及明清500多年的盛世文明，这就是苏州古城。

水乡民居

由于苏州城历史悠远，又几经兴废，自然就成为历代文人笔下诗词创作的对象。"君到姑苏见，人家尽枕河。古宫闲地少，水港小桥多。夜市卖菱藕，春船载绮罗。遥知未眠月，乡思在渔歌。"这是首家喻户晓的唐代诗歌《送人游吴》，杜荀鹤在诗歌里描绘了苏州城的水巷、小桥、人家，这也成了最经典的苏州影像。如果说"上有天堂，下有苏州"是一句简洁的广告语的话，那么，这首诗绝对是让人共情的一段广告文案。

在中国建筑史上，苏州城池的设计是独具匠心的，其城门在设计安排上都是水陆门并开。陆门走车，水门行船。由于苏州地处太湖之滨，水网绵密，伍子胥在开发阖闾大城的时候就充分考虑到了这一特点，因地制宜，引水入城。而到了唐代，这种水陆双棋盘式的骨架就基本定型了。因此，苏州人的传统往往是临水而居，其民居有"小桥流水人家"的特色；同时，苏州人的传统往往又是"以船为车，以桥为马"，其行旅有"水上交通"的特色。于是，"临水而居的人家""朝发晚归的菱舟""烟柳掩映下的桥梁"等便成了历代题咏苏州的诗词中常常出现的元素。唐代白居易《登阊门闲望》中"处处楼前飘管吹，家家门外泊舟航"之句，是对苏州邻水筑屋，人家前门临街、后门临河，有踏步与水相接的特色民居的生动描绘。

一般来说，江南的水乡民居的布局形式大致有三种：第一种称为面水民居，即所谓"门前石街人履步，屋后河中舟楫行"的前街后河格局。前街可作为店面经营各种商品；而屋后则具有很浓的生活气息，几乎每家门外都有一个小小的岸驳，主妇们可以在此洗衣、洗菜、淘米，而来往的小船也可在此停泊。第二种称为临水民居，即所谓"人家尽枕河，楼台俯舟楫"的屋室半悬于水面之上，下面用桩或柱打入水底作为支撑。第三种称为跨水民居，即所谓"轿从门前进，船从家中过"的以廊、桥跨河建宅的水上人家。这种跨水民居一般占地较大，建筑更是百转千回，楼

在山塘街感受「最江南」　廖伴民摄

在桥边，窗在水上，水道与主道一起直通主人家的客厅。应该说，江南民居的布局体现了江南建筑艺术的无穷意味，形成了丰富天真的建筑表情，是中国民居建筑史上较为浓墨重彩的一笔。而苏州更是江南水乡民居的重要代表之一，时常出现在历代诗文中。

诗意城市

除此以外，文人们对苏州的水、苏州的桥、苏州的景致都似乎格外偏爱。明代岭南诗人区大相的《阊门寓目》诗："蓼花风起渚莲飘，处处菱舟趁晚桡。吴苑几年无伯气，胥门终古有归潮。枫林竹岸斜连郭，水寺溪村尽带桥。独有馆娃宫外柳，年年烟雨锁长条。"诗作将苏州城"处处菱舟"的传统交通样式以及"架石飞桥，以水称景"的桥梁形态刻画得鲜活感人。诸如此类的诗词作品不胜枚举。

宋代苏舜钦的《过苏州》："东出盘门刮眼明，萧萧疏雨更阴晴。绿杨白鹭俱自得，近水远山皆有情。万物盛衰天意在，一身羁苦俗人轻。无穷好景无缘住，旅棹区区暮亦行。"《苏舜钦集编年校注》称："此是舜钦'适越'之行过苏州之作。陈衍《宋诗精华录》选录此诗，评云：'三四是苏州风景'。"从首句可知，苏舜钦从盘门舟行，看到的满眼"绿杨白鹭"之景，由此景引出"近水远山皆有情"之句。盘门位于苏州城西南处，古运河之畔，有盘门、瑞光寺塔及吴门桥三景。现存的盘门与南宋《平江图》碑所绘，方位相符，总体布局和建筑结构基本保持元末明初旧观，水陆两门南北交错并列，是苏州现今唯一保存完整的古水陆城门。而这种水陆门对峙的城门设计，也为现今海内仅有之例。苏舜钦去杭州，途经苏州，深深为苏州的美景所吸引，因此，才有了"无穷好景无缘住"的慨叹。也

沧浪亭门额　李倩君摄

正是因为对苏州的喜爱，他才会在宋庆历五年（1045）流寓苏州之时，筑沧浪亭，自号沧浪翁。而沧浪亭上那一副对联更是匠心之作。后人将北宋欧阳修《沧浪亭》诗中的"清风明月本无价"（沧浪亭处本为孙承佑的别墅，苏舜钦花四万钱买下，临水筑沧浪亭）与苏舜钦的《过苏州》里的"近水远山皆有情"凑成了如今沧浪亭上一副好联。

苏州是一座双遗产城市，拥有中国大运河苏州段和苏州园林两张世界文化遗产名片。如果说苏州城的物阜民丰是因运而兴，那么苏州城的美便来自古典园林之美。或许可以换句话说，苏州就是一座精致的城市园林。苏州园林集中代表了江南园林建筑的精华，渗透着历代文人的美学思想与审美情趣，集中代表了苏州文化精致典雅的特征。联合国教科文组织对苏州古典园林评价道："没有哪些园林比历史名城苏州的园林更能体现出中国古典园林设计的理想品质，咫尺之内再造乾坤，苏州园

沧浪亭　殷启民摄

林被公认是实现这一设计思想的典范。这些建造于十一至十九世纪的园林，以其精雕细琢的设计，折射出中国文化中取法自然而又超越自然的深邃意境。"苏州的拙政园、留园、网师园、环秀山庄、沧浪亭、狮子林、艺圃、耦园、退思园先后被列入《世界遗产名录》。

苏州是座水做的城市。苏州水文化资源极其丰富，应该说，水城苏州充分诠释了古代筑城与水利技术完美融合的全过程。大运河绕城、穿城而过，太湖水、运河水、长江水和古城水网滋养着一代代的苏州人，江南水乡、小桥流水更是苏州独特的城市标签和城市记忆，孕育着苏州文化，也使得苏州城的兴衰荣辱与水息息相关。这些便是"水绣天堂"的苏州值得骄傲并需要细心呵护的水文化资源。

"人人尽说江南好，游人只合江南老"，文脉传承，水生万物。水是江南文化的灵魂，是万物之源。而苏州文化的秉性，是以在水文化的浸润下发展起来的江南文化为底色，是开放圆融、睿智创新、奋进争先的精神品格的多元统一。

所谓开放圆融，与水有关。上善若水，水善利万物而不争。自泰伯奔吴开始，以"吴"文化为典型代表的江南文化就开始了其开放包容、兼容并蓄的发展历程。泰伯、仲雍南奔，为"断发文身、刀耕火种、饭稻羹鱼"的江南土著文明带来了先进的农业生产技术、完备的国家机器、完善的礼仪制度。自此，两种文化开始交融，江南土著

文化注入了中原文化基因，"吴"开始成为这一地区的代称和简称，并且作为一个文化符号绵延千年。泰伯是吴文化的始祖，而吴国的第二十四任君主阖闾，则将吴文化推到了历史的顶峰。阖闾在位，任用楚国人伍子胥建造阖闾大城，为吴国拱卫了疆土；任用齐国人孙武子，为吴国打造了一支战斗力无敌的军队，从此争霸四方。阖闾的开放善用之于吴国的兴起意义重大。此后，勾吴文化作为江南文化的一部分，在3000多年里发展演变并大放异彩，成为华夏文化的重要组成部分。而第七次全国人口普查显示，江南一带的众多城市中，外来人口在总人口中占比很大。以苏州为例，有关数据显示，作为江苏第一人口大市的苏州，外来人口远超本地户籍人口。苏州已成为仅次于深圳的全国第二大移民城市。就业机会和新市民待遇吸引了更多的外地人到苏州扎根。正是这些外来人口与苏州本地人民一起，创造了以"张家港精神、昆山之路、园区经验"为代表的苏州"三大法宝"，踏上了中国式现代化苏州样本建设的新的征程，这些与开放圆融、兼容并蓄的江南文化秉性相生相伴。

所谓睿智创新，亦与水有关，是对美好生活、诗意生活的勾画和构建。江南烟水，孕育了稻作文明，江南的先民们较早地在这方热土上开展种植和生产，地区内相对人口稳定，人们安居乐业，经济发达。这是一种崇尚自然、尊重自然的生态文明观，这是江南文化中所特有的人与自然和谐共处的生存智慧。水是人类生存的命脉，同样也是一座城市建立、发展、繁荣的重要条件。《尚书·禹贡》载"三江既入，震泽底定"，太湖作为江南文明的源起，为江南的大多数城市提供了丰沛的水源和文化资源。而大运河，作为人工开挖的河道，构建了自然水系与江南城市间的联系。如苏州城市"水陆双棋盘"的格局，其实就是自然与人工结合的产物，是古代先人对于"天人合一"的哲学思想在城市规划上一次完美而生动的具体应用和体现，归根结底，是顺应自然，因地制宜。正是这种先进的生态文明观，促成了江南的先民们最先发展农田水利，并利用自然优势，开创了"苏杭熟，天下足"的富庶与繁华。自唐宋至明清的江南地区，苏州一直是全国最为富庶的区域，并一直延续至今。

所谓奋进争先，更是一种与水文化息息相关的智者文化。江南地区，自古通江达海。自春秋战国以来，江南运河与天然的江河湖海构建了一个庞大的水网系统，形成了四通八达的水运交通网络，奠定了水乡泽国的自然与人文生态。"仁者乐山、智者乐水"，江南地区多产状元。据《明清进士题名碑录》统计，明清两朝全国录取进士51681人，其中明代为24866人，清代为26815人。江南共考取进士7877人，占全国15.24%。其中，明代为3864人，是全国的15.54%；清代为4013人，占全国14.97%。总体而言，明清两代每7个进士中，出自江南的就不少于1个。

在苏州，"状元"自古以来便是"特产"。自隋唐时期科举制度建立以来，苏州归氏家族36年间，出了5名状元，享有"天下状元第一家"的美誉。自明朝开始，苏州科考状元数量之多一直在全国名列前茅。据统计，明朝自明太祖洪武四年（1371）至明思宗崇祯十六年（1643）的272年间，全国共录文状元90名，苏州有8名，约占全国状元总数的9%。清代则更多。自清顺治三年（1646）开科取士以来，至光绪三十年（1904）的258年间，全国共有文状元114名，苏州一地共出状元26名，人数超出排在第二位的浙江6名，占全国状元总数的22.81%，占江苏全省状元总数的53.06%，无论是平均数还是绝对数，苏州均为全国第一，是名副其实的"状元之乡"。

古建新筑相映美　马耀明摄

正是这种作为优秀中国传统文化代表的古代江南文化基因，常常使得该地区的人民善于总结与反思，从而孕育出一大批思想家。这些思想家的智慧被用于社会经济建设中，与江南的经济繁荣、社会发展形成良性的互动，从而催生了发达的江南近代工业，推动了江南地区协调发展。应该说，密布的水网不但激活了江南人的聪明睿智，同样激活了他们内在勇于开拓、追求卓越的人文品格。这使得江南地域的人民在一次次的社会变革中善于把握机遇、不断创新发展，从而创造出一个个社会发展的奇迹来。

在2500多年前江南土著文明和中原文明的碰撞交融下，在先人认识自然、与水斗争的过程中，吴中大地产生了"吴文化"这样一种新的在人类文明历史长河中绵延几千年的文化样式。在早期江南土著先民"断发文身""刀耕火种"的尚武基因下，在历史的长河中，一路成就了苏州人负重奋进、敢闯敢为的精神品质，苏州文化一直以鲜明的时代性和现代化特性勇立潮头。

2023年全国两会期间，习近平总书记在参加江苏代表团审议时指出："上有天堂，下有苏杭，苏杭都是在经济发展上走在前列的城市。文化很发达的地方，经济照样走在前面。可以研究一下这里面的人文经济学。"应该说，在苏州城的历史变迁中，通江达海的水文化基因始终滋润着苏州的风物与人情。枕河而居的苏州人，在时光中也孕育了苏州独特的文化风尚和生活范式。江南文化的最精彩之处，亦体现在苏州人的日常生活中。"夜市卖菱藕，春船载绮罗"，是古代苏州极具美感的鲜活的生活场景；"清芬拟入芝兰室，博雅如游书画船"，水岸旁星星点点的书画船是商业繁荣的象征，更是江南文人诗兴人生的一部分……这些场景都是人文经济学最好的注脚。

"历史与现代结合得很好"的苏州，遵循着习近平总书记的殷殷嘱托，在"创新之城、开放之城、人文之城、生态之城、宜居之城、善治之城"的高质量发展道路上奋力前行，必将进一步塑造出"上有天堂，下有苏杭"这一千年城市品牌的时代辉煌。

山温水轹
吉天福地

苏州山水向以秀美著称，所谓"湖光山翠，宛如图画"，一山一水，一草一木，无一不寓诗意，无一不载风月。古人云，人情莫不好山水，山水亦自爱文章，文章借山水而发，山水得文章而传。千百年来，苏州山水与诗画文章交相辉映，真个是闻名遐迩，誉满天下。但名则名矣，苏州山水却不免好在风雅中定格："看罢梅花渡五湖，香风吹送入姑苏。"偌大一城山水，似乎都在风花雪月之中了。其实，苏州的山水，风月归风月，骨子里却有章法得很："东际大海，西控震泽，山川衍沃，水陆所凑。"山峦、河流、湖泊、岛屿、沼泽、田野、都市的合理布局，以及四季分明的风霜雨露的滋润调节，形成了一个山温水软、得天独厚的自然和谐的生态体系，进而物丰民富，文采风流为天下冠。

在风雅诗意的苏州，山与水见证了这座城市波澜壮阔的渊源与温情的点滴日常。苏州城始建于公元前514年，至今已有2500多年的历史。古城自春秋时期伍子胥建城至今没有变迁过，城市仍坐落在春秋时代的位置上，基本保持着"水陆并行、河街相邻"的双棋盘格局，并且依托太湖、望虞河、大阳山、虎丘湿地这样的天然屏障，多次抵御外敌，保城池不失。这种独特的城建格局与苏州的山水自然环境相得益彰，形成了"小桥流水、粉墙黛瓦、史迹名园"的独特风貌。

苏州人的山水生活

据《苏州市志》记载，苏州全市共有大小山体100余座，面积约221平方公里，有虎丘山、黄山（衡山）、天平山、灵岩山、上方山、穹窿山、七子山、清明山、尧峰山、玄墓山、邓尉山、阳山、洞庭东山、洞庭西山、虞山、米堆山、玉屏山、天池山、五龙山、渔洋山、鸡笼山、凤凰山、真山以及太湖诸山（如冲山、漫山、贡山、衡山、三山等）。作为江南水乡，苏州滨江临湖，境内河港交错，湖荡众多。全市水面约3607平方公里，约占总面积的42.52%；市区水面约24平方公里，约占市区面积的20.15%。苏州境内湖泊众多，以太湖最为著名。河流纵横交错，长江及京杭大运河贯穿其间，有娄江、太浦河、望虞河等连接东西。这些河流和湖泊共同构成了苏州独特的水乡风貌。其中，苏州古运河是中国最长的运河之一，它贯穿苏州城区，连接了太湖和长江，发挥了重要的水运和灌溉功能。此外，还有阳澄湖、金鸡湖、独墅湖、淀山湖、澄湖、昆承湖等湖泊，这些湖泊不仅丰富了苏州的水域景观，还为城市起到了重要的供水和调节气候的作用。

山水间的苏式诗意

四季流转之下，属于苏州人的山水生活依次铺陈开来。

梅花是二十四番花信之首，"寻常一样窗前月，才有梅花便不同"。赏梅是苏州人春节期间的必备节目，是骨子里的风雅所致，也得益于得天独厚的地理优势：城内有园林，城外有梅林。反正不管走到哪里，都可以一睹梅花的身姿。而正儿八经赏梅，邓尉山一带绝对是首选，毕竟香雪海景区就在附近。作为中国四大赏梅胜地之一，香雪海给游客营造的氛围感相当到位。在距离景区还有几公里的时候，坐在车上

苏州邓尉山香雪海

位于吴中区光福镇。山因东汉太尉邓禹曾隐居而得名，而香雪海则因其盛开时如雪般的花海和迁香气而得名。

香雪海历史悠久，与代康熙年间，江苏巡抚宋此游赏时，被满山遍野的所震撼，题下了"香雪海大字。康熙、乾隆两位皇帝多次游览香雪海，留下了许美光福梅景的诗篇。

便可看到路两边已经不停地出现梅花的身影，一团团一闪而过。停车场的梅花也开得极盛。在半山腰的亭子里可以看到白的、粉的、绿的浪在翻滚，远处则是粉墙黛瓦的民居。"雪海"这两个字妙不可言。"香"字是不用强调的，走在梅林里，梅花的香气始终萦绕在身旁，遇上盛放的梅花，忍不住还要凑上前使劲嗅几下。在曹雪芹笔下，妙玉在玄墓山出家，玄墓山确有此地，就在邓尉山一带，妙玉在这里存了雪水后带到贾府煮茶，那雪水定还染着梅香。香雪海一年值得去两次，除了赏梅花，初夏的时候还要去一次采摘青梅。初春的梅花谢后，树上会结有青梅，采下青梅用来泡青梅酒，来年启封，青涩的酸已经和醇厚的酒融为一体。

梅花一落，石湖边上方山的樱花便登场了，走在山野间，总有樱花粉色温柔的身影掠过眼梢，给生活增加了惊喜和浪漫。上方山的樱花约有600株，另外还有几十株日本早樱，供心急的市民先看起来。赏樱花的动作，基本一致，大家都举着手机，踮起脚，凑近一枝樱花然后反复调整角度，再郑重按下快门。《苏州山水》一书中曾提到，石湖与上方山自古就是风景游览胜地，有"石湖佳山水"之说，古人亦有"吴郡山水，近治可游者，惟石湖为最"的赞誉。周瘦鹃的《石湖》一文更是感叹，"杭州的西湖，名扬世界，而苏州的石湖，实在也不在西湖之下"。

樱花登场的同时，虎丘后山的二月兰也开了。明代李流芳曾评价虎丘"宜月、宜雪、宜雨、宜烟、宜春晓、宜夏、宜秋爽、宜落木、宜夕阳，无所不宜"。确实如此，不论什么季节踏足虎丘，总有新的惊喜。大文豪苏轼是给姑苏城写过一则有名的"广告"的："过姑苏，不游虎丘，不谒闾丘，乃二欠事。"闾丘公无疑是苏子历经磨难所结交的第一名士，而虎丘则是苏子永远念兹在兹的第一名胜。

虎丘立于苏州城西北郊，为苏州西山之余脉，因周边地形脱离西山主体，成为独立的小山，是"吴中第一名胜"。相传虎丘曾是海湾中的一座随着海潮时隐时现的小岛，沧海桑田，虎丘从海中涌出，成为孤立在平地上的山丘，人们便称它为海涌山。

虎丘的二山门断梁殿，是江苏省重点文物保护单位，建于元代，已有600多年的历史。在木构遗存甚少的江南，虎丘二山门是现存最古老的山门建筑。山门单檐歇山顶，面阔三间，进深两间四架椽。屋内中间正梁脊槫不是用一根整木，而是用两根圆木拼接而成，故又名"断梁殿"。正梁上朝北悬挂现代著名学者梁漱溟所书匾额——"含真藏古"，寓意为虎丘真山真水真人真事有据可查，古墓古泉古事古塔有迹可循，是为虎丘源远流长之最高赞誉。

江南春景盛，山间采茶忙，春日里，洞庭山里的碧螺春正当季。这个时候若是能进山踏青春游，你定能看到茫茫茶园中忙碌的采茶人。得益于江南得天独厚的地理优势，加之茶果共生的种植方式，碧螺春从唐宋开始就被列为贡品，是远近闻名的"吓煞人香"！碧螺春中的极品是清明前采摘的头道嫩芽，这明前碧螺春讲究精挑细选的"一芽一叶"，最精华的部分就在这里了。据说1斤茶叶里要精心挑选出6万多个嫩芽，这样制作出来的碧螺春茶，茶味细腻、甘甜且悠长。

树山的梨花盛开以后，进村的车就明显多了起来，导致原本附近居民饭后散步的步道，也变得拥挤。树山村位于苏

春秋时期，虎丘是吴间的离宫所在。阖闾在吴战中负伤死去后，其子夫差的遗体葬在这里。据说"葬日，金精化为白虎，蹲其上此得"虎丘"之名。一说蹲虎，以形名"。海拔30多古树参天，山小景多，剑丘塔、真娘墓、憨憨泉、山庄、二仙亭等古迹不胜其林泉之致、丘壑之韵难马观花概览。苏轼游览虎后，留下"熙熙览生物，春凄冷"之句。《吴地记》载山绝岩纵壑，茂林深篁，左丘壑之表"。

虎丘景区诗意十足　黄佳摄

州高新区西部、大阳山北麓，北靠通安镇区，整个村子坐落在阳山与鸡笼山的环抱之中，村内山清水秀，山体植被保护完好。全村占地5.2平方公里，有三山四坞五条浜，即南阳山、鸡笼山、树山，大石坞、戈家坞、唐家坞、白墙坞，孙家浜、枣浜、沿河浜、沿头巷浜、戈巷浜。整个村落就像是从水墨画中走出来的那般，粉墙黛瓦。山上有宋朝年间由珍护禅师入大石山掌建的古刹，取名云泉庵。后元大德年间由觉明高僧兴盛，是苏州阳山地区十大寺院之一。和苏浙沪地区所有的农家乐一样，树山的农家乐每家必有鸡汤，可能是因为可以眼见在梨树下振翅飞跑的鸡，以及听见响亮的打鸣声，所以喝下的每一口鸡汤都格外熨帖。

梨树种在山脚下，梨花盛开的季节，从半山腰往下望，雪白的一片，肉眼见到的景象绝对梦幻。春赏梨花，夏吃脆梨，这些年已经成为苏州人的一种习惯。当骄阳炙烤大地的时候，时令消暑美食——树山翠冠梨熟了。翠冠梨，江湖人称"六月雪"，咬上一口，梨汁顿时溅满口腔，其肉质细腻、香甜爽口，还带着一股蜜香，如饮冰嚼雪。在翠冠梨上市以前，树山的杨梅也是大家期待一年的美食。与洞庭东、西山的杨梅一样，树山杨梅每年六月中旬左右上市，可尝鲜时间不超过3周，主要品种有大叶细蒂、小叶细蒂、乌梅种等。自然山野带来了丰饶的物产，而这些属于自然的馈赠得益于如今物流的高速发展，哪怕是像枇杷、杨梅这样的娇嫩水果，也已经可以发往全国各地。

苏州的山都不高，最高的是穹窿山，也就341.7米。穹窿山位于苏州西郊，跨吴中区光福、木渎和胥口三镇。据《尔雅》说，穹，是穷尽、大、深、高的意思，故而引申可作"天"讲，所谓"天形穹窿，其色苍苍"。《说文解字》进而把"穹"字解释为"隆然上高也"。因山形"四周隆起，中间下垂"，形似穹窿，故名。穹窿山高远深峻，明代袁宏道称"穹窿高深，甲于他山，比阳山尤高"，且距离姑苏城较远，在古代人为活动相对较少、开发程度较低的情况下，穹窿山充满了神秘色彩。有关穹窿山的记载最早可见于《越绝书》，"由钟、穹隆山者，古赤松子所取赤石脂也，去县二十里"。作为苏州古籍中较早出现的山体，穹窿山最早是与和道教有关的赤松子取赤石脂的故事相联结。穹窿山不为人所知的另一面是自然的自由在穹窿山，有一处与赤松丹相关的景点——丹泉。相赤松子在穹窿山取赤石脂炼，此泉为炼丹之泉，因此得于泉。丹泉的水质清澈甘被视为炼丹的上佳之选。

赤松子，是中国古代神话一位仙人，相传他在穹窿丹修行。赤松子不仅精通，还擅长炼丹制药，是道求长生不老、羽化登仙的人物之一。

在穹窿山，赤松子发现了的药材——赤石脂。呈团粉末状，多数为粉红色，呈深浅不同的大理石样花赤松子为了炼丹，在穹窿山了大量的赤石脂，并在山上了"炼丹台""升仙台"等

生长，茂林修竹，泉水潺潺，一如乾隆皇帝留下的楹联"太湖万顷在襟袖，穹窿亿丈凌星辰"，一展豪迈之气。相传古代大军事家孙子隐居在此，写出了中国历史上第一部兵书《孙子兵法》十三篇，使穹窿山更为世人所知。清代时，乾隆皇帝六次南巡六次上穹窿山，每一次都到上真观，留下不少御迹。而今，乾隆皇帝上穹窿山所走过的御道，也成为人们上山游览的热门线路。穹窿山亦有朱买臣读书台，记录下了西汉大臣朱买臣知识改变命运的往事，纪念他负薪读书的刻苦精神。宁邦寺西有玩月台，下有百丈泉，是南宋名将韩世忠晚年登台赏月、对月忧国的暂居之所。一座穹窿山，半部隐逸史。拾级而上，可与穹窿山中的一草一木精神相连，亦同来过此处的文人雅士心灵相接。

登高望远是秋日的必修课。苏州花岗岩山丘，分布于苏州西南近郊，以灵岩山、天平山为中心，包括狮子山、黄山、金山、焦山、天池山、高景山等地。花岗岩岩体总面积63.5平方公里，出露面积约11平方公里。苏州花岗岩经长期风化侵蚀形成怪石嶙峋、形态多样的花岗岩地貌，成为天平山、灵岩山、天池山和白马涧等景区的自然基础。据《清嘉录》记载：郡西天平山为诸山枫林最胜处。冒霜叶赤，颜色鲜明，夕阳在山，纵目一望，仿佛珊瑚灼海。天平山的百年古枫为范仲淹第17世孙范允临种下，已有400多年树龄。枫叶先由青变黄，接着由黄变橙、由橙变红，最后由红变紫，所以又被称为"五彩枫"。天平山的枫叶既有范仲淹"先天下之忧而忧"

的文人气，也承载了寻常人的喜怒哀乐。天平山满山奇石大多朝天竖立，被称为"万笏朝天"。其成因主要是花岗岩浆在侵入冷凝过程中，体积收缩产生许多原生垂直节理。随着地壳抬升，花岗岩体露出地表后，这些岩块在垂直节理控制下大都垂直立于地面，经长期风化侵蚀，就形成了古今闻名的"万笏朝天"。明代唐寅的诗作"天平之山何其高，岩岩突兀凌青霄。风回松壑烟涛绿，飞泉漱石穿平桥。千峰万峰如秉笏，峻峻嶒嶒相壁立"，生动反映了天平山石柱林立、"万笏朝天"的奇特景观。

石公山位于金庭东南端，是一个三面临水的半岛，因山前有巨石，状若老翁而得名"石公"。每年的农历九月十三傍晚，可以看到"日月双照"的奇观。景区除了有归云洞、断层崖、一线天三大地质奇观之外，还可以欣赏到各式各样的奇石。景区植物丰富，颇有野趣！海灯法师是一代武僧，一生中有三大绝技：梅花桩拳、二指禅、童子功。据说当年海灯法师云游西山，见石公山风景秀丽，就此落脚，在石公庵里当了住持。他在石公山一住就是10年，还顺手收了几个门徒。在半山腰空旷的广场附近，还有成排的梅花桩。想象海灯法师在三尺高的桩上习拳时，步伐稳健如行云流

天平山红枫　黄君威摄

水，如履平地，身轻如燕。石公山三面环水，景色是极好的，山势虽谈不上险峻雄伟，但也挺特别。仅容一人上下的一线天在山中部南坡，是一条山体裂缝，原名"风弄穿云涧"，裂缝狭小，十分陡峭，是在距今1亿年前后的地壳运动时，地层产生断裂而形成的。一线天缝隙中有石阶五十三级，取"五十三参，参参见佛"之意。

当桂花花期接近尾声，光福窑上村的村民就迎来了一年之中最忙碌的时候。光福窑上村是苏州有名的桂花之乡，是中国五大桂花产地之一，山野深处有不少上了年纪的桂花树。作为苏州的市花，桂花不仅是秋天的氛围担当，还可以融进美食中，桂花蜜就是其中一种形式。花朵是美好脆弱的，一落下或者没有及时腌制便黄了、黑了，所以每年能看桂花花朵堆得铺天盖地的时候也就几天，来早了、来晚了都是遗憾，特别看缘分。在去到窑上村以前，一般是怎么也想不到桂花还可以用"丰收"来形容的。它在园林，是花窗旁弥漫甜香的点缀；在人行道两边，是端庄地迎来送往的市花；而在村里，它是漫山遍野的与田埂间的青菜无异的农作物。偶遇的山间采花的阿婆传授秘诀，说桂花要顺着长势捋，不能逆着生长方向来，否则桂花容易蔫。也有人将干净的布铺在地上，用轻轻晃动树枝让桂花掉落的方式收集。秋天，去村里参观的人有很多，村里的人早就习惯了被"长枪短炮"围观。村民们淳朴善良，大家行走在大缸中间抓拍，对于忙着干活的他们来说，多少是有些挡路的，但村民甚至会特意停下来等大家拍完，带着对陌生人好奇心的保护和宠溺。在路边，有的阿姨一个人用匾筛桂花费劲时，也会毫不客气地请游人搭把手帮忙，干完活，柔声细语地用普通话说句"谢谢"。人与人之间的真诚，是比桂花更加甜蜜美好的事物。

常熟山湖同城，这里"青山入廓，三湖簇拥"。中国四大名园之一的留园的宣传语是"不出城郭而获山林之趣"。这么看来，"山林"按常理说是在城外的。可踏足常熟，基本没有城里、城外的概念，因为虞山就耸立在市中心。虞山之于常熟市民，太过特殊而近乎寻常。于是，常熟人为了吃碗蕈油面早起爬个山，饭后消食爬个山，小节大节兴致来了也要爬个山。沿着山的脊梁还有好长一段城墙，蜿蜒曲折。虞山城墙号称"江南小长城"。"小长城"早就没了军事防御的功能，它的存在，已经成了常熟人生活的一部分，"虞山十八景"中的"西城楼阁"指的便是这一带。当站在城楼上时，虽没有一览众山小的畅快，但那种既可以清晰地看到地面上行人的动作、神态，又可以伸手触到大树树尖的体验，又是不一样的。清朝蒋廷锡在《城西秋望》中写道："高阁三层烟树里，青山半角夕阳中。一行雁齿斜城界，万井鱼鳞碧瓦丛。"大抵就是眼前的情景。阜成门的不远处是常熟市第一中学。学生在教室里坐着，就能看到旁边的巍巍城墙与青山，也能看到山上已经化作小黑点的游人。城门上的欢笑在上一辈人的记忆中落脚停歇后，又重新落在下一辈的童年里了。当然了，虞山脚下的蕈油面也是很多人早起来虞山的理由，面馆浩浩荡荡占了一大片地，整体场面犹如吃流水席一般。吃面的中途不时有小贩过来兜售特产、爊鸡、煮熟的红菱、栗子、方糕、草药等，对于生客来说倒也不讨厌，只是觉得新奇。在尚湖或是沙家浜，则可驾一叶竹筏，一摇一晃荡入芦苇深处。

太湖情长与阳澄蟹香

"君到姑苏见，人家尽枕河。"水是苏州的灵魂，而太湖是苏州的根。4000多年前，太湖还是蛮夷之地，大禹秉持"化堵为疏"的治水理念，开凿东江、娄江、吴淞江，将汪洋洪水疏导入海，终解太湖水患。此后数千年，太湖水系始终维持着通江入海的格局。太湖流域这方水土特殊的地理生态，造就了吴人渔猎、稻作、水利、航运等独特的生产方式和生活方式，以水为生，饭稻羹鱼。苏州作为拥有70%太湖水域、超过一半湖岸线的滨湖城市，是吴文化繁衍发展的核心区。太湖风景区中心，太湖七十二峰、四十八岛中大半都分布在度假区四周。这里山水风景绝佳，空气新鲜，气候宜人，风光旖旎，季季有果，月月有花；文物古迹密集，是吴文化的发祥地。

苏州人对太湖的感情是特别的。好像拐几个弯总能认识一个在太湖边的朋友，于是，一年四季都有各种理由要去见朋友，枇杷熟了，橘子红了，下雨了，晚霞绚烂了；或者，只是馋人家家里的湖鲜和蔬菜了；反正距离市区一小时车程，想见，一脚油门也就到了。这里想要顺带讲讲莲蓬。这么说吧，苏州小囡的手指甲一年要痛好几回，夏天剥枇杷，秋天拆螃蟹，夏末秋初的时候还有莲蓬和水红菱。莲蓬滋味清甜，外形碧绿可爱，是大家夏日的心头好。金庸先生在《天龙八部》中有一回写到，鸠摩智等人到江南燕子坞寻找慕容复，跑到太湖边，望着分不清东南西北的湖面，目之所及全是大片荷花荷叶，彻底"蒙圈"。鸠摩智武功盖世奈何全然不识水性，任阿碧、阿朱两个古灵精怪的丫头摆布，一口软糯的苏白更是让糙汉子们摸不着头脑！平时吃西瓜都习惯一拳头砸开了把脸埋进去啃的他们，在船上一定想不到身旁一个个倒圆锥形的小东西——莲蓬可以吃，而且吃起来这么复杂！夏日走在苏州街头，总可以遇到挑着担子卖莲蓬的农人，他们大都是从东、西山来，背篓里还会装着时令瓜果，像葡萄、香瓜之类的，底下铺着几张荷叶来锁住水分。其身旁的水桶里则错落插着摇曳生姿的荷花花苞。皮市街附近有好些卖莲蓬和荷花的阿婆，葑门横街几家卖时令蔬菜的摊位也把荷花、莲蓬放在了最显眼的位置，生怕夏天快要结束，还有粗心忙碌的人没有拥有这款夏日限定。对于摊主来说，细长的柄也同样很占地方，而从太湖边坐公交车来市区，遇上高峰时段，乘客少不了几句埋怨。但夏日的温度会把水分一点点带走，为了保证新鲜，他们下次采花时，依旧会留长长的柄。听同事说，有一年夏天他去西山采访，坐着小船，目之所及全是大片的荷叶荷花，莲蓬藏在中间，倔强地梗着脖子。随手摘下，水嫩鲜活，其口感自然是远胜于躺在担子中经历了一路波折的。

说完太湖，不得不说阳澄湖了。每年秋风一起，明显注意力没法集中了，心思很容易被食物勾走。可要说诱惑力最大的，还得是大闸蟹。丝丝缕缕鲜甜的蟹肉、肥美的蟹膏、鲜红饱满的蟹黄……这谁能把持得住呢？也不必难为情，毕竟谁能抵挡得了大闸蟹的诱惑？《闲情偶寄》的作者李渔，大文学家，痴迷螃蟹，被家人取笑"以蟹为命"。每年，螃蟹还没有上市，李渔就早早地存好了买螃蟹的钱，他称之为"买命钱"。章太炎的夫人汤国梨曾说："不是阳澄湖蟹好，人生何必住苏州。"没错，能养大闸蟹的地方那么多，论口味还得是苏州阳澄湖的，这绝对不是苏州人的自我吹捧。"一方水土养一方人"，大闸蟹好，自然是阳澄湖水好。阳澄湖是苏州的饮用水水源地，水中的微量元素比值高，水草茂盛，天然饲料丰富，湖底淤泥少，土质硬，是大闸蟹理想的生长地。青壳、白肚、金爪、黄毛是阳澄湖大闸蟹的标志特征，这都和阳澄湖水质有关。阳澄湖大闸蟹前后要经过4—5次蜕壳，阳澄湖湖水偏碱性，大闸蟹不需要"穿"很硬很厚的壳来对抗酸性水体的腐蚀，所以本来用于长壳的营养可以用来长肉。整个阳澄湖分为东湖、中湖和西湖，被誉为"天下第一蟹城"的昆山巴城便处于阳澄湖东湖，水域面积占了巴城总面积的近三分之一。每年大闸蟹开捕以后，通往巴城的路上总是挤满了从全国各地开来的车，食客们对于大闸蟹的痴狂超乎想象。古代文人讲究，吃蟹不仅要用工具，还要凑成"蟹八件"：圆头剪、小方桌、腰圆锤、长柄叉、长柄斧、钎子、长柄勺、镊子。观察下来，生活中大家吃大闸蟹基本是不靠工具的，都是撸高袖子徒手上。拆蟹是水乡儿女的必备技能，能够慢条斯理地吃完一只蟹，桌上也不狼藉，只剩一堆像白瓷片一样的薄壳是件很有面子的事，这和能吃完一只河虾而虾壳完整的技能一样。能一起吃螃蟹的，都是极亲近的人，大家可以不顾吃相，连客套话都不讲，聊天吃蟹，喝温黄酒、姜茶，称得上是快意人生了。

苏州人的水文化遗产

大运河苏州段：历史文化纽带

大运河不仅是贯穿古今、流向未来的历史长河，还成为沟通九州、连接世界的交通枢纽。早在隋唐时期，大运河已经是日本遣隋使、遣唐使进京的必经之路，它既是中国南北交通的干道，又是连接世界东西交通的重要路段，在中华文明、东亚文明乃至世界文明史上具有重大意义。苏州是大运河沿线流经区域最多、遗产最丰富的城市之一。苏州是一座水城，有了运河，苏州就活了起来。运河的存在加深了苏州与外界经济、文化的连接，使苏州既有江南文化的特色，又有兼容并包的特点。苏州是运河沿线34个地级以上城市中唯一以古城概念成功申遗的城市。大运河苏州段将苏州古城的历史串起，一座座运河小镇，一处处江南景点，就像是运河沿线上颗颗温润的珍珠。四通八达的水网串联起江南村镇，也孕育着吴地文化和江南文明。

论名气，望亭在江南古镇里大概排不到前十。但是说到大运河，望亭肯定是绕不过去的，一句话概括它的地位：运河入苏第一镇。白居易诗"灯火穿村市，笙歌上驿楼"描绘的便是古时望亭的繁华盛景。

苏州人有"六门三关"的说法，三关中有一关就是浒墅关。浒墅关地处苏锡平原，周围不见崇山峻岭，也不在防御要冲之地，这"关"从何而来？这是皇帝金口玉言亲封的，叫"钞关"。

隋朝时运河一经开凿，枫桥就成了苏浙两省北向水运通道的驿站，商贾繁华，舟楫不断。张继的一首《枫桥夜泊》，让姑苏城外的枫桥成了无数人心头的朱砂痣，怎么都想来看看。枫桥景区以寒山古寺、枫桥、铁铃关、枫桥古镇、古运河"五古"著称。

大运河遗产展示馆

位于苏州万年桥西侧的阊苏州规划展示馆内，陈列约400平方米。是一座集文示、科普教育与互动体验本的现代化展示馆。展示特别设置了互动体验区，虚拟现实（VR）、增强现实）等现代科技手段，让访多身临其境地体验古代运河运繁忙、市井繁华，以及而建的古镇风情，感受穿越而来的江南韵味。

苏州运河十景

平江古巷是苏州现存最典型、最完整的古城历史文化保护区，堪称苏州古城的缩影。这里既有小桥流水人家，又是时尚弄潮儿们的聚集地。20余条纵横的街巷，13座布满历史痕迹的古桥星星点点散落在各条小巷里。钮家巷里有苏州状元博物馆和不少特色咖啡店，悬桥巷里有晚清状元洪钧的故居，中张家巷里有中国昆曲博物馆……

大运河上运输忙　杜鼎鼎摄

　　白居易曾做过苏州刺史，苏州的美食、美景、美人给了他无数灵感，他爱极了这里。七里山塘的石板路是他修的，虎丘景区外的环山河是他挖的，他在任期间是妥妥的"造福一方"。讲到苏州的水，白居易必须拥有姓名，以至于山塘街入口便是"白公祠"，可见他在苏州人心目中的地位了。

　　盘门城墙、吴门桥、瑞光塔，这三个名字是分不开的。一是三者地理位置离得很近；二是三者互相借景，彼此增色。"盘门三景"的说法大概就是由此而来的。盘门是全国唯一保留完好的古代水陆城门，2000多年前始建，元末重建，躲过了一次又一次的浩劫。著名古建筑专家陈从周教授曾说"北看长城雄伟，南看盘门秀丽"。

横塘驿站是全国仅存的两处邮驿遗迹之一，是江苏省文物保护单位，被列为古代运河设施和管理机构类遗产。南宋的诗人范成大写过一首诗，叫《横塘》："南浦春来绿一川，石桥朱塔两依然。年年送客横塘路，细雨垂杨系画船。"短短几行字，勾勒出了横塘驿站当时的热闹景象：来来往往的大小官员，一见如故的同僚知己，在细雨蒙蒙、烟柳飘摇的江南水乡迎来送往、饮茶作诗、把酒言欢，多么畅快！

平望历来是水陆交通要道，运河文化在这座历史悠久的小镇上散发着独特的光芒。"风流总被雨打风吹去"，安德桥一直在，一直默默守护着平望。唐朝时候，颜真卿曾登桥远眺，吟出了"登桥试长望，望极与天平"这样的诗句。从他的诗里，我们看到了多年以前的古镇春色：水天一色，一望皆平。

石湖五堤，位于苏州石湖，包括吴堤、越堤、杨堤、范堤和石堤，是江南湖泊堤径最密集的一处。长堤横卧水面，其建筑历史可追溯至宋代，范仲淹筑堤防洪，后增筑四堤，形成"翠堤分水"之美景。宋代诗人范成大曾吟咏："石湖春晓水连天，堤上杨柳绿如烟。"

宝带桥，横跨大运河，始建于唐，历千年风雨仍屹立不倒。桥身如宝带飘逸，夜景尤为迷人。清代诗人沈德潜有诗云："宝带飘然映碧流，年年端节闹龙舟。"

苏州古镇生活与自然风光的诗意画卷

苏州的古镇太多了，那些关于水乡的生活，大抵可以用文字勾勒出来。比如同里。春天要刮48天的"摆条风"，风摆动树的枝条，树就醒了。

树一醒就赶忙把汁液送到全身。树枝软了，树也就绿了，花也就开了。古镇岸边柳枝倒映在河里，白玉兰的香气飘散在空气中、阳光里。对江南人来说，花开的季节总伴随着漫长的雨季，尽管有躲不开的潮湿感，但依旧是舒服的。而圆圆的纸伞是古镇在雨天开出的花，伞下的姑娘灵动优雅。江南的雨绵绵密密，当地人不想离别，外乡人不愿归去，踩在被打湿的青石板路上，就想一直这样往下走着。夏日里，池塘边的青蛙探着脑袋张望，树上知了的叫声比白天的弱了不少，傍晚的瓦屋被蒙上了一层浅蓝色的滤镜，温柔极了。河面漾起一圈圈波纹，是当地的居民在洗晚上要炒的时令小菜，不一会儿，房前屋后饭菜香气四溢。水乡的夏夜是安静的、闲适的，一排排如鱼鳞般的屋檐上的瓦片的轮廓在暮色中渐渐模糊直至消失，屋檐下的夜生活刚刚开始。小条几上摆满了新鲜的水果，在井中吊了一下午的西瓜切开后凉气四溢。穿着白背心的阿爹还在回味白天的那盘棋，胡乱摸着碗里的杨梅，一颗接一颗往嘴里塞。洗好了澡的小囡身上有股干净清爽的香气。茉莉和栀子花躲在角落悄悄绽放，清新的香气立马铺满整个夜晚。夜幕笼罩下的同里，相较于白天，更有层次。临近新年，古镇四处都洋溢着热闹和欢喜，冷冽的空气中混杂了柴火的味道，烟囱里时不时飘出的青烟像极了昆曲中的水袖。世间的庸庸扰扰在眼下时节，都即将被按下暂停键，人们准备迎接岁末。屋檐下挂着的咸鱼、腊肉在低温中慢慢积蓄风味，一节节粗实的腊肠泛着油光，等待归家的游子。围炉夜话，灯火可亲，在饭菜氤氲的热气中，大家细数一年的温馨，憧憬来年的喜悦。

郁达夫感慨：苏州人的风雅趣味，是在茶馆里的。而在依山傍水的地方，茶馆自然也是少不了的。茶室南北通透，有穿堂风，盛夏的时候来也不会觉得暑热难耐，倒是热茶下肚，身上会轻快许多。偶尔也会有书场节目，相当于年轻人听Live House（音乐展演）。聚在屋檐下闲聊是茶客们听书时额外的享受。等到天下时局给他们分析透了，古往今来的坏人也骂尽了，老朋友的近况都捋了个遍的时候，当天的评弹也在三弦琵琶的弦索叮咚中开场。

对于生活在城市中的人来说，湖是珍贵的，是和自然相连接的所在。所以，傍晚时分，金鸡湖、独墅湖边总是围满了人，大家互不打扰，安静地享受着。无论见过多少次日出和日落，当再一次站在视野开阔处，见到声势浩大的云霞，仍旧会怦然心动。谁能拒绝黄昏的湖边呢？万物温柔，夕阳一点点沉没，最终义无反顾地扎进湖里。湖水是一部为你上演的、每天剧情不重复的电视剧。围绕湖边的，是各种各样的帐篷，湖边草地上有互说心事的恋人，有三三两两拖家带狗的，满地乱跑的小朋友皮过哈士奇。大家都朝着湖面而坐，柔软的草地，泛着波光的湖水，这一切和闲适慵懒的心情格外适配。

苏州，这座有着2500多年历史的文化名城，以其独特的山水文化，润物无声地将风雅刻进城市气质中。苏州山水宛如一幅流动的水墨画，不仅为苏州带来了宜人的居住环境，更塑造了苏州人温婉、灵秀的性格。山水入怀，和诗意相拥。不得不多提一句，苏州园林"纳千顷之汪洋，收四时之浪漫"，将自然山水浓缩于庭院中的艺术，则是关于苏州的又一页动人篇章。

山水相依，姑苏吉福！

一幅平江图
千年繁华城

苏州古城，历2500多年城址未变，世所罕见，国内仅有；苏州经济，经数百年长盛不衰，人间天堂，繁荣至今。解读其间的缘由，一言以蔽之，其密钥就在"古城"二字。

一座姑苏城，半部江南史。古城是苏州的根，数千年文化的兴盛、经济的繁荣，说到底离不开古城这一发达的根；古城是苏州的魂，朝代的更迭、历史的演进，无法淘汰的是由古城带来的刻在人们血脉中的精气神。从伍子胥兴建吴大城，到李寿朋绘就《平江图》，从徐扬的《姑苏繁华图》，到改革开放的高地，2500多年的跌宕起伏，留给我们后人无尽的精神遗存。探讨苏州古城的历史与变迁，并非为了把古城的昨天呈现给读者，更重要的是从中揭示出掩盖在历史长河中的精神内核，为苏州明天的兴盛提供源泉和动力。

中国第一城：阖闾大城的前世今生

在中国数千年的历史长河中，苏州古城不是最早的，不是最大的，也不是最坚固的，但是，如果从名气和格局上来讲，苏州古城却是独一无二的，正如顾颉刚先生所称道的一样，这是"中国第一城"。而要说清楚这座"第一城"，就必须从其建城开始说起。

南徙：梦想开始的地方

事情还得从泰伯、仲雍奔吴说起。

泰伯、仲雍"三以天下让"，在无锡梅里定居了下来，建立了勾吴国和一座小城，"周三里二百步，外郭三百余里"，并且依附于强大的楚国，在江南这个水网密布的地方繁衍生息，发展壮大，历经18世而安然无恙。

然而，到了第19代吴王寿梦时期，一切都发生了变化。经过18代人500多年的接续奋斗，吴国的国力得到极大提升，其势力范围也拓展到了长江以北地区。此时正值春秋时期，中原战火频仍，诸侯争霸不休，作为楚国附属的吴国，不可避免地被卷入了中原争战之中。齐国和楚国在徐国发生冲突，作为属国的吴国和越国都被楚国动员起来参与其中，结果两个弱小的属国被强大的齐国所击败，作为对失败方的惩罚，齐国"分吴半""割越地"。

这场战争虽然使吴国损失不小，但并没有击垮当政者崛起的雄心。寿梦继位后，当年就"朝周、适楚、观诸侯礼乐"，并决定采取"联晋抗楚"的战略，以图摆脱从属楚国的地位，真正成为一方霸主。然而，此时的吴国还没有与楚国叫板的实力。寿梦在位25年，虽然国力在不断增强，但是，在与楚国的较量中还是败多胜少。公元前570年，面对吴国的不断挑衅，楚襄公一怒之下派子重举兵讨伐吴国，一直打到衡山（今常州溧水与安徽当涂交界处），再前进一步就会越过群山打到吴国的都城。打不过怎么办？只能退避三舍、避其锋芒，养精蓄锐、以利再战。退的办法之一就是迁都，把都城迁移到一个敌人够不着、打不到，适合防御的地方。

从地理位置上看，梅里这个地方并不适合建立都城。梅里一带一马平川，既不靠山，也不临湖，周围毫无依仗，加之江南属于烟水之地，如果遭到敌人的围攻，很难防守。再来看看苏州这个地方，实属风水宝地。苏州北依长江，西临太湖，周围群山环绕，四周水网密布，利于水战而不利车乘，如果依山建城，退可守、进可攻，茫茫太湖足以让楚国头大，密集的水网更会让楚军却步。因此，在和楚军较量中处于下风的寿梦，决定将都城南迁到吴地。可惜天不假年，寿梦并没有完成迁都的任务，而是将这件事情交给了自己的儿子诸樊。诸樊继位的第二年，就将都城南迁到吴地，这或许也说明，寿梦在位的时候已经将都城建设得差不多了。

吴国迁都，既是实现梦想的开始，也是激化矛盾的起

点。一方面，苏州沿太湖一线原是越国的领土，吴国南迁，必然压缩越人生存的空间，太湖流域有限的土地就成为吴越争夺的战场，吴越之间的仇怨成了解不开的死结，最终演变成你死我活的敌对状态。另一方面，寿梦本来想传位于小儿子季札，但是季札坚辞不就，所以只好让大儿子诸樊接替王位。不过，寿梦在临死时交代，兄弟四个要一个一个传下去，一定要把王位传到季札的手里。这为以后的宫廷之变埋下了祸根。

筑城：奠定古城基业

诸樊继位后，在将都城迁到吴地的同时，继续利用各种机会与楚国开战，结果在进攻巢邑的时候被楚国的守将牛臣射死。诸樊死后，其弟馀祭继位。馀祭利用楚国因为内政没有精力与自己开战的有利时机，发动第一次对越战争，结果在视察战俘时被俘虏砍死。馀祭死后，王位传给了第三个儿子馀昧。馀昧继位后，在继续执行寿梦"联晋抗楚"战略的同时，没有忘记馀祭被杀的仇恨，开始两面作战。公元前527年，在位17年的馀昧去世。然而，按照"兄终弟及"的传承办法把王位传给季札时，季札却逃跑了，坚决不受。于是，馀昧改成"父死子继"的办法传给了自己的儿子僚。这一改变立即引起了诸樊的长子公子光的不满。

刚好这个时候伍子胥逃难到了吴国，在吴国韬光养晦，以待时机。伍子胥找到了春秋三大刺客之一的专诸，并利用吴国军队被困的有利时机，一举刺杀掉吴王僚，帮助公子光夺回王位，公子光即为阖闾。阖闾即位后，问伍子胥治国之要，伍子胥回答说："凡欲安君治民，兴霸成王，从近制远者，必先立城郭，设守备，实仓廪，治兵库。斯则其术也。"伍子胥之策得到了阖闾的赞成和全力支持。

伍子胥像

伍子胥接受阖闾的任务后，"相土尝水，象天法地"，选定地址，根据襄阳城的建造特点，结合江南水乡的实际，用了不到一年的时间，建成了"周回四十七里。陆门八，以象天八风；水门八，以法地八聪"的吴大城。同时，还在大城之中建造小城，作为王宫所在地，也就是后来的子城。

阖闾大城的建成，标志着吴国政治、经济、文化中心的正式形成，这不仅大大提升了吴国的国力和对外影响力，而且也为吴国的长治久安和对外争霸提供了坚实的物质基础。

圆梦：成为霸主之一

在阖闾的绝对信任下，伍子胥开始按照"立城郭，设守备，实仓廪，治兵库"的设想，逐步实施，并先后通过向阖闾七荐孙武、献计疲楚，使吴国迅速壮大起来。

经过精心准备，阖闾九年（前506），吴国发起了对楚国的大规模战争。当时的吴国军队只有3万人，而楚国的军队却达到20万人。然而，就是这区区3万人却在柏举这个地方，也就是现在的湖北麻城大败楚军，而且在不到10天的时间占领了楚国的都城郢。这场被范文澜先生称为"东周时期第一个大战争"的柏举之战，使孙武一战成名。这场战争不仅让伍子胥报了父兄之仇，奠定了阖闾称霸天下的基础，也把秦国、晋国、越国牵扯其中。

而齐国虽然没有遭受入侵，但也不得不臣服于吴国的兵威，远嫁公主到吴国进行和亲，苏州古城北边的齐门至今仍然在诉说着这段悠悠往事。

阖闾死后，胸怀大志但刚愎自用的夫差继位。伍子胥为夫差争取来了王位，却也为自己掘下了坟墓。夫差继位的第二年就发动了对越战争，在夫椒（现在的苏州西山岛）打败了越军，并一鼓作气打到了越国的都城，俘获了越王勾践。在要不要杀掉勾践的问题上，伍子胥与夫差发生了激烈争吵，但是，夫差最终放了勾践一马，把勾践关押到了吴国都城。勾践最终回到了越国，卧薪尝胆谋划复仇。

勾践回到越国后，按照文种的"灭吴九术"，给吴国送木材，让吴国大兴宫室；送西施、郑旦两大美女，把夫差迷得神魂颠倒；又送粮种，只是做了点手脚，把这些粮种全部煮熟了之后再送给吴国，使吴国当年颗粒无收，吴国大饥。伍子胥死后，夫差的野心更加膨胀，不顾国力的衰弱和国人的厌战，于公元前483年举全国之兵进攻中原，并在黄池（今河南封丘西南）与各国进行会盟，最终登上霸主的位置。可惜的是，这是夫差最后的辉煌，也是吴国最后的"盛宴"。

完美《平江图》：世界上第一张城市地图

公元前473年，吴国被越国所灭。吴国虽然不存在了，但是，伍子胥修建的古城依然屹立在江南大地上。从伍子胥建成阖闾大城，到《平江图》的出现，苏州古城历经兵燹之灾和人为破坏，但都奇迹般地得到一次次重建和恢复，并且基本上保持了原有的城市架构和城区格局，不能不说是世界城市历史上的奇迹。

黄歇：故吴墟的恢复

勾践在灭掉吴国后，为了消除自己心中之恨，"残其国，绝其世，灭其社稷，夷其宗庙"，把吴国所有的印记全部从视野中抹掉。公元前333年，越国最终被楚国所灭。公元前248年，战国四公子之一的春申君黄歇来到苏州。黄歇在苏州待了10年时间，重修了阖闾大城，对内城河道进行了开挖和疏浚，"大内北渎，四纵五横"，对所管辖地区水系进行了治理和完善。

如果说伍子胥修建阖闾大城，为苏州种下了一棵大树，那么，黄歇对阖闾大城的修复和对周围水系的疏浚，无疑为这棵大树的生长提供了源源不断的营养和水分。

刘濞：江东一都会

秦始皇统一中国后，在统一货币、文字、度量衡、焚书坑儒、修长城的同时，还做了一件大事，也可以说是坏事，就是"坏诸侯之城"，这就是《碣石刻石》所说："堕坏城郭，决通川防，夷去险阻。"

西汉建立后，刘邦为了加强对各地的统治，大封同姓子弟为王，先后封刘贾为荆王、刘濞为吴王，管辖三郡五十二城。虽然刘贾在荆王位置上仅有5年时间就因为英布造反被杀，但是刘濞从公元前195年被封到公元前154年"七国之乱"——造反失败跑到东越国被东越国人杀掉，前后有40多年时间。刘濞在吴国期间，开山铸铜，煮海为盐，大力发展经济，同时，还免除赋税，与民休息，使得吴国的经济得到突飞猛进的发展，也使吴国成为当时最为富有的诸侯国。"夫吴有诸侯之位，而实富于天子；有隐匿之名，而居过于中国。夫汉并二十四郡，十七诸侯，方输错出，运行数千里不绝于道，其珍怪不如东山之府。转粟西乡，陆行不绝，水行满河，不如海陵之仓。修治上林，杂以离宫，积聚玩好，圈守禽兽，不如长洲之苑。游曲台，临上路，不如朝夕之地。深壁高垒，副以关城，不如江淮之险。"

正是因为会稽郡所在的苏州位置重要，从刘贾开始，汉朝对苏州的城池不断进行修缮，为江南地区的长期繁荣和苏州古城的历史传承奠定了坚实的基础。因此，司马迁在《史记》中称赞道："夫吴自阖庐、春申、王濞三人招致天下之喜游子弟，东有海盐之饶，章山之铜，三江、五湖之利，亦江东一都会也。"

到了东汉顺帝永建四年（129），阳羡令周喜和山阴令殷重觉得会稽郡的首府太远，所以就上书朝廷，请求对会稽郡进行分置。东汉朝廷接受了他们的建议，以浙江也就是现在的钱塘江为界，把会稽郡一分为二，钱塘江以东为会稽郡，钱塘江以西为吴郡。吴郡下辖13县，大致相当于现在长江以南、镇江以东、钱塘江以西的环太湖地区，郡治仍然设在苏州。

吴郡设立没几年，就进入汉末农民大起义时期，然后经三国、两晋、南北朝，直到杨坚建立隋朝平定江南，苏州才再次被纳入大一统的版图。

隋朝平定江南后，做了三件对苏州影响深远的事情。一是改名。改吴州为苏州，因姑苏山而得名，这是历史上第一次出现"苏州"之名。二是迁址。隋朝平定江南后，杨素认为苏州"非设险之地"，便将旧城空置起来，把州治迁到苏州古城西南横山的东边、黄山的下面，一直到武德七年（624）才由苏州刺史李世嘉将州县官署迁回老城，自此至今，苏州的城址再无变动。三是大运河的开通。隋炀帝在春秋至秦汉年间开挖的水道的基础上贯通了江南运河，苏州作为重要区段之一，正式被纳入了隋唐大运河的水系。

大运河的开通，沟通了江淮与中原的联系，有力促进了江南经济的发展，使苏州迅速成为江南的交通中心、运输中心、商品中心，进而促进了文化的发展和社会的进步，为"人间天堂"的形成奠定了坚实的基础。所以，到了唐朝，苏州就成了江南唯一的雄州。

李寿朋：第一图的绘就

苏州古城建城2500多年来，每逢朝代更替或者兵燹之灾，必遭毁灭或者蹂躏，唯一在朝代更迭之际没有遭受破坏的就是北宋建立之时。正是在两宋之际，苏州的崇文之风开始兴盛，经济日趋繁荣，也正是在两宋时期，为明清之际苏州成为全国最繁华的城市奠定了坚实的基础。

苏州被和平纳入北宋版图后，北宋将吴越国原有土地划分为十三州一军八十六县，"一军"即为平江军，这也是苏州第一次有了"平江"这个名称。整个北宋时期，苏州由平稳过渡进而快速崛起，成为"冠绝东南第一大郡"。然而，到了北宋末年，苏州却不幸遭遇了历史上最大的一次浩劫。宣和七年（1125）十月，金军兵分两路，开始大规模进军北宋，并在不到两年的时间里灭掉了北宋，掳走了徽、钦二帝，漏网之鱼宋高宗赵构如丧家之犬匆匆逃往江南，先苏州，再杭州。然而，赵构立脚未稳，金军就于建炎三年（1129）七月，再次大规模南侵，听到风声的赵构如惊弓之鸟沿着东运河一路往东，先宁波，再温州，最终逃脱了金军的追击。

然而，赵构虽然跑掉了，江南的百姓和他们赖以生存的城市却遭到了灭顶之灾。建炎四年（1130）二月，金军攻入苏州城内，劫掠官府民居，凡子女金帛、仓库积聚，全部被抢劫一空，然后纵火焚烧民房库舍，大火连续烧了五天五夜才熄灭。这次金兵劫掠，苏州城内百姓十之七八没有逃掉，全城50万人惨遭杀戮或者被掳走，可谓一城殆尽。

南宋安定下来后，苏州古城也开始了历经百年的修复之路。绍兴元年（1131），也就是金兵刚走不久，胡松年被任命为苏州知府，马上开始了苏州古城的修复之路。胡松年之后，郡守席益、李擢、宋伯友等人都对古城进行了部分修缮，一直到绍兴十四年（1144）王唤出任苏州知府，苏州古城才得以逐渐恢复。

到了南宋孝宗淳熙年间，知府谢师稷以郡中余钱40万缗修缮城墙，使之完好如初。但是，到了开禧年间，有一半的城墙又被毁坏了，而且被农民当作种植稻谷和菱藕的田地。嘉定年间，知府赵汝述、沈皡又相继主持，对城墙进行了重修，一年后完工。

宋理宗绍定二年（1229），又是苏州古城历史上值得大书特书的一年，这一年，李寿朋出任苏州知府。

李寿朋到任平江知府后，迅速开展城市建设，不仅对苏州城内的六十五坊全部整修一新，而且还在阊门里河南建望云官（即后来的金阊亭），重建了望星桥。在此基础上，李寿朋下令将当时的平江城按照一定的比例缩小绘成地图，并刻在石碑上保存，作为后世需要重建平江城时的参考依据。为了确保地图的精确性，李寿朋实地考察每条街巷、河流和每座桥梁，在核对无误的基础上才进行绘制。经过大半年的努力，《平江图》碑刻最终完成。

《平江图》高2.84米、宽1.46米，为青石质地，以建筑平面与简单透视相结合的中国传统绘画形式描绘了城市的布局。《平江图》内容极为丰富，绘有苏州城的地理景观640余处，标注名称的有613处，其中人文景观572处，自然景观41处，全面而详细地标识了城市的建筑风貌和城市的

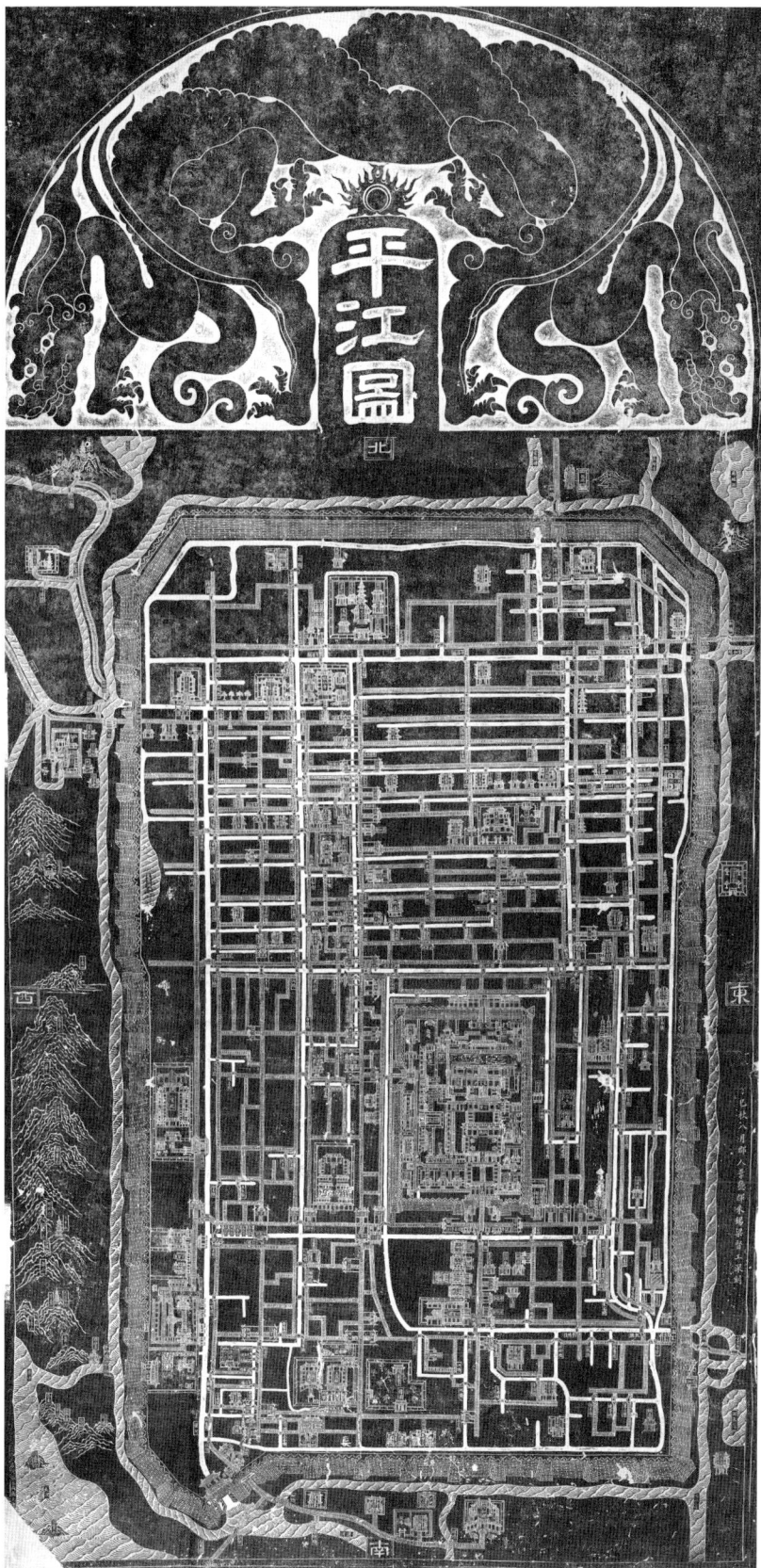

平江圖

北

西　　　　　　東

南

南宋《平江图》

规划布局。《平江图》上标识了305座桥，绘出运河、护城河、城河、湖、荡、江、塘、湾、池等10种水体，其中以城河最多。城河分布在城内，密集排列，相互垂直。水道纵向6条，横向14条，与街道平行延伸，相互交织，把江南水乡特色完美地体现了出来。《平江图》不仅突出标识了府衙机关、殿堂、寺观、宅院等建筑物，还将苏州园林加以反映，凸显了苏州作为私家园林典型代表的悠久历史和地位。

《平江图》是我国现存最大的碑刻地图，也是世界上罕见的大幅面的城市地图。该图绘制精细，是研究古代苏州城历史、文化、建筑等的宝贵的实物资料，具有很高的文物价值。如今，《平江图》被收藏在苏州文庙碑刻博物馆，向后人述说着当时平江城的繁荣，同时也让我们后人记住了李寿朋对苏州城市建设的贡献。

《姑苏繁华图》：绵延千年的繁荣图谱

300多年的宋朝历史，演绎了无尽的悲欢离合；两度繁盛的平江府，奠定了苏州的千年繁荣。元灭南宋之后，苏州古城再次遭受蹂躏，却仍奇迹般焕发生机，最终在明清达到鼎盛。

一座城蕴含的繁荣基因
元军灭南宋平定江南之后，因为惧怕高城深池，"凡城池悉命夷堙"。苏州城墙也没有幸免,同样被夷为平地,名义上虽然保留了5个城门,却没有任何防御功能。然而,元朝的统治实在过于严苛,剥削也过于残酷。这种失去人性的野蛮统治,很快就遭到各地汉人的强烈反抗。

为了防御起义军,元明宗至顺四年(1333),苏州城墙得以修复。城墙周长22.5公里,辟葑、娄、阊、齐、盘、胥6门。虽然修复后的苏州城"备极深广",但却无法抵御起义军的进攻步伐。在元末风起云涌的反抗斗争中,盐贩子出身的张士诚很快崛起,从至正十三年(1353)举起义帜,到至正十六年(1356)占领苏州,张士诚仅仅用了3年多时间就完成了从一个盐贩子到一方霸主的华丽转身。

从至正十六年(1356)占据苏州,到至正二十七年(1367)被俘身亡,张士诚盘踞苏州12年。在这12年时间里,张士诚奖励农桑,减轻赋税,兴修水利,开河疏港,发展海外贸易,使苏州成为元末全国难有的富庶之地。可惜的是,张士诚最终被朱元璋所灭。随着张士诚的战败,苏州城也轰然倒下,这座在元末经过张士诚加固的苏州古城再次被蹂躏得面目全非、满目疮痍。

不过,幸运的是,明朝建立不久,就开始对苏州古城进行大规模重建。据洪武《苏州府志》记载:"及归我大朝,再加修建,高广坚致,度越畴昔。至今一切修筑,不劳民力。"经过明初的大规模重建,这座历经沧桑的古城,又以新的面貌屹立在世人面前。

在重修苏州古城的同时,明朝地方官员还对桥梁、道路、河道进行了大规模改造,使苏州城拥有了完整的基础设施,为明清苏州成为工商业大都会奠定了坚实的基础。据有关史料记载,明朝苏州的街巷,见诸地方志的就有341条，城内河道有120条，城内外桥梁达311座，形成了水陆平行、四通八达的城市交通体系。

一条河带来的繁荣图景

如果说苏州城内外交通体系的形成，为苏州走向巅峰提供了基础的话，那么，大运河的开凿和漕运的兴盛，则为苏州的全面兴盛提供了最佳的机遇。

大运河包括隋唐大运河、京杭大运河和浙东大运河3个部分，而其源头则是吴国开通的邗沟。

春秋末年，吴国开凿了胥溪、邗沟、黄沟3条运河。胥溪的开通沟通了太湖与长江，邗沟的开凿沟通了长江与淮河，黄沟的开凿则沟通了泗水与济水，从而把黄河和长江联系了起来，打通了从长江以南到黄河以北的水上交通体系，为吴国北上争霸创造了条件。

隋炀帝在吴国运河的基础上，筑通济、永济二渠，扩邗沟，开江南运河，首次将南北贯通并沟通五大水系，"运漕商旅，往来不绝"，"自是天下利于转输"。唐朝针对大运河严重淤积等问题，不断对其进行修缮，使之成为沟通南北、货通天下的经济大动脉。隋唐大运河不仅带动了沿线城市经济和商业的发展，而且促进了运河沿岸区域经济和文化的繁荣。

从元朝开始，国都变迁到北京，国家政治中心转移，元朝忽必烈下令开凿了济州河、会通河、通惠河，从而形成了元朝京杭大运河，直通南北，大运河由江苏淮安经宿迁、徐州直上山东抵达北京。至此，诞生了现今意义上的京杭大运河。大运河建成后，元朝专设都漕司正、副二使，总管运河和漕运事宜。

明清两代，朝廷高度重视运河漕运，设置漕运总督和河道总督，分别掌管运河漕运和运河水利。

明清时期，全国的市场体系主要由三个商业网络构成：一是以长江中下游航道为干道的东西向国内网络，二是以京杭大运河、赣江、大庾岭商道为干道组成的南北国内网络，三是由东北到广州沿海的海运网络。而这三个网络全部在苏州地区交汇，苏州自然就因为其优越的地理位置而成为全国的市场中心，《陕西会馆碑记》称"苏州为东南一大都会，商贾辐辏，百货骈阗。上自帝京，远连交广，以及海外诸洋，梯航毕至"。全国市场中心地位的确立，不仅促使苏州的经济社会更加繁荣，也同样把世界范围内的文化、习俗等带到苏州，使苏州文化的包容性更大，生命力更强，形态更为丰富。

一幅画隐含的繁荣图谱

正是因为有一座城作为根基、一条河作为纽带，明清时期的苏州才最终走向鼎盛，成为全国的经济中心、商品中心、金融中心、运输中心，乃至文化中心、饮食中心。其繁荣图谱在《姑苏繁华图》中得到淋漓尽致的展示。

《姑苏繁华图》是由清代画家徐扬所创作的一幅纸本设色画。徐扬，字云亭，苏州吴县人，家住专诸巷。徐扬在绘画方面造诣颇高，尤精人物、山水、花鸟草虫等。乾隆十六年（1751），时年40岁的监生徐扬进献画册，钦命充画院供奉，十八年（1753）钦赐举人，后为内阁中书，长期供奉清廷画院。乾隆皇帝第二次南巡后，乾隆二十四年（1759），徐扬有感于清朝"治化昌明，超轶三代，幅员之广，生齿之繁，亘古未有"，因而"摹写帝治"，绘成《姑苏繁华图》一卷。

展开这幅长卷，我们首先看到的是徐扬在卷首的自跋："其间城池

之峻险，廨署之森罗，山川之秀丽，以及渔樵上下，耕织纷纭，商贾云屯，市廛鳞列，为东南一都会。至若春樽献寿，尚齿为先，嫁娶朱陈，及时成礼。三条烛焰或抢才于童子之场，万卷书香或授业于先生之席。耕者歌于野，行者咏于途，熙皞之风，丹青不能尽写。"

确乎如此！当时苏州的繁荣，已经不是一幅画所能描绘的。从北宋晚期开始，苏州的农业、商业、手工业便开始走向全面繁荣，到宋神宗时期，"苏湖熟，天下足"的谚语便已形成。农业生产力的提高、农产品的丰富，超出了农民的需要，富余的农产品走向流通环节就成为必然，商品经济应运而生。而随着商品经济的繁荣，手工业的发展也就成为不可阻挡的必然趋势，纺织、造纸、制茶、造船、酿酒等100多个行业悄然兴起，催生出专业市场、特色集镇。农业的持续发展、手工业的蓬勃兴起、商业的不断繁荣，推动苏州不断走向辉煌，到南宋时，正如《吴郡图经续记》

〔清〕徐扬 《乾隆南巡图》局部

所言，苏州已是"境无剧盗，里无奸凶，可谓天下之乐土也。顾其民，崇栋宇，丰庖厨，嫁娶丧葬，奢厚逾度"。此后，经历元明两朝的持续发展，明清时苏州的经济水平更是居全国之冠，到康熙时，孙嘉淦《南游记》说："阊门内外，居货山积，行人水流，列肆招牌，灿若云锦，语其繁华，都门不逮。"

像这样赞美苏州的，可以说是数不胜数。难怪康熙皇帝六次南巡，次次都要到苏州，而好大喜功的乾隆皇帝，更是对苏州情有独钟。可惜的是，乾隆皇帝并没有学到康熙皇帝南巡的精髓，只不过是"劳民伤财，作无益，害有益"（乾隆语），错过了中国转型的最佳时机，闭关锁国导致后来清政府在内忧外患的夹击下最终陷入风雨飘摇之中，苏州也因为上海的开埠和太平天国的冲击而陷入长达100多年的沉寂。

不灭精气神：苏州繁荣的动因与源泉

这里不惜用浓重的笔墨回顾一座城、一张图、一幅画的点滴历史，不是为了书写历史，而是为了在全面展示苏州古城发展历程的同时，向各位解释苏州延续千年而繁荣兴盛的精神谱系。

从断发文身到琅琅书声：追求的是时移世易，体现的是开放包容

从泰伯奔吴到21世纪的今天，3000多年间，苏州的精神谱系发生了翻天覆地的变化，如果用一句话来概括这种变化的话，就是从断发文身到琅琅书声。在魏晋以前，苏州人"轻悍好斗""轻死易发"，如今的苏州人则温婉内敛、精雅细腻，表现出截然不同的性格和精神。促使这种巨变的因素很多，既有亡国之余的无奈，也有经济发展的必然，既有人口南迁的影响，也有国家政策的演变。

首先，经济的持续发展、人口的大量南迁，必然导致文化事业的发展与繁荣。秦始皇统一天下后，在江南设立会稽郡，郡治即在苏州，而苏州则成为会稽郡属下的吴县。从秦始皇统一六合到东汉末年的500多年时间，中国的政治、经济、文化中心一直在黄河流域，江南地区虽然也保持稳定，但是因为"地广人希，饭稻羹鱼，或火耕而水耨，果隋蠃蛤，不待贾而足，地势饶食，无饥馑之患"，"以故呰窳偷生，无积聚而多贫。是故江淮以南，无冻饿之人，亦无千金之家"（《史记·货殖列传》）。然而，沉寂了500多年后，苏州迎来了新的转机。东汉末年，三国混战，孙氏踞江东，孙策、孙权把苏州作为大本营，"招延俊秀，聘求名士"，"分部诸将，镇抚山越，讨不从命"（《三国志·吴书·吴主传》），联合刘备大败曹操，使江

东出现相对稳定的社会环境,吸引中原士民纷纷南迁,形成第一次人口南迁的浪潮。人口的增加和先进生产技术的引进,推动江东农业经济快速发展,"国税再熟之稻,乡贡八蚕之绵……窥东山之府,则瑰宝溢目;觏海陵之仓,则红粟流衍"(左思《吴都赋》)。东晋、南朝200多年,中原混战不止,而江南保持相对安定的局面,中原人口的第二次南迁,推动江南经济进一步发展,江南"地广野丰,民勤本业,一岁或稔,则数郡忘饥。会土带海傍湖,良畴亦数十万顷,膏腴上地,亩值一金,鄠杜之间,不能比也。荆城跨南楚之富,扬部有全吴之沃,鱼盐杞梓之利,充仞八方,丝绵布帛之饶,覆衣天下"(《宋书·孔季恭传》)。唐朝安史之乱之后,北

雪中盘门　陈炜摄

方藩镇割据，常年混战不止，中国的经济中心逐渐转移到江淮地区，苏州发展成为当时唯一的雄州，"当今赋出于天下，江南居十九"（韩愈）、"三吴者，国用半在焉"（杜牧）、"当今国用多出江南，江南诸州，苏最为大，兵数不少，税额至多"（白居易）。到了两宋时期，由于生产工具的改进、管理技术的提高、经济作物的推广和水利设施的修建，粮食产量得到大幅度提升，进而使得手工业和城市商业得到迅速发展，加之北宋灭亡后，形成历史上第三次人口南迁的浪潮，苏州很快成为最为繁华的城市之一，"井邑之富，过于唐世，郛郭填溢，楼阁相望，飞杠如虹，栉比棋布，近郊隘巷，悉甃以甓。冠盖之多，人物之盛，为东南冠"（朱长文《吴郡图经续记》）。经济的快速发展、人口的不断增加、安定富足的生活，必然会使人们的生活方式、价值观念、思维方式发生根本性的变化，黜武尚文成为人们的必然选择。

其次，心态的逐渐演变、士族群体的示范，必然引起社会风尚的调整与嬗变。随着经济的快速发展、北方士人的大量南迁，南方士族群体也在迅速壮大，到孙吴时期就形成了顾、陆、朱、张四大家族，唐宋则有归、范、文、王四大望族。这些家族既是官宦豪族，也是文化士族。在历史的长河中，这些家族都以传统伦理道德文化为起点，从家庭出发，注重家风门范，从家庭教育开始，主张通过个人努力，培养品德，形成处世能力风范，强调家国之间的关系，体现"修身、齐家、治国、平天下"的家国情怀。尤其是隋文帝统一全国实行科举制度之后，那些出身文化士族的子弟，以其殷实的家底、敦厚的家风和良好的家教，在科举考试中独领风骚。这一现象不仅进一步强化和巩固了他们自身家族的地位，而且对士林和百姓产生了巨大的影响力和示范效应，自然而然地带动了向学崇文之风的形成。同时，吴国灭亡之后，南方士族就被视为"亡国之余"，在政治地位和社会门第等方面受到北方士族的严厉钳制。永嘉南渡后，王导为了巩固东晋的统治地位，刻意笼络南方士族，但是，这只不过是东晋统治者的权宜之计，并没有彻底改变南方士族的政治地位。在经过多次抗争无果的情况下，南方士族不得不另觅生存之道，选择了"朝隐"之路，崇尚武力的价值取向逐渐被抛弃，知足淡泊的不竞之风逐渐成为主流，温文儒雅成为南方士族的主流价值取向。在南方士族的带领和影响下，社会风尚也随之发生变化。

文运昌盛　曾旺绘

再次，教化的润物无声、崇文环境的形成，必然导致精神谱系的变化与重组。注重教化的作用在苏州是有传统的，早在春秋时期苏州的文化教育即已肇始。言偃作为孔子的七十二贤弟子中唯一的南方弟子，不仅在文学领域居于首位，而且精于"礼"，注重礼乐教化，曾在中原诸国讲学传道。言子晚年回到故乡，将儒学传入苏州，吴人闻风向学，"从之游者以千计"（杨载江《言子春秋》），从而赢得"南方夫子"的尊称。孔子的另外一个弟子——鲁国人澹台灭明，因为"貌恶"而遭孔子冷遇，但因为耿介的品质受到言子的赞赏。他受到言子的感召而来到苏州讲学授业，门下弟子达300多人，"名施乎诸侯"。

秦始皇统一天下后，于公元前210年开始其最后一次巡游，在会稽山立石刻以颂其德，这就是广为人知的《会稽石刻》。此举意在把吴越地区的风俗融合进中央规定的统一规范之中。进入西汉以后，苏州相继出现严忌、严助、朱买臣等名儒大家，说明当时家庭教育和社会教育都有所发展。到了东汉末年，孙氏踞江东，一方面延揽人才、壮大自身，另一方面教化臣民、巩固后方，使吴地成为全国的乐土。晋室东迁之后，"中州士女，避乱江左者十六七"（《晋书·王导传》），中原文化被大规模带入江东，向学之风渐趋浓厚。到了隋唐时期，由于科举制度的实行，官学和私学开始兴起。唐朝的苏州刺史李栖筠曾在苏州"增学庐"，大历九年（774）县令王纲在文庙右侧设博士以训生徒。到北宋范仲淹创建州学再到南宋期间，苏州形成了一个从府学、县学、社学、义学到私塾的完备的学校体系，崇文重教从此成为苏州的一个重要标签。

从干将、莫邪到苏州制造：追求的是卓越品质，体现的是经世致用

注重科技、推陈出新，精细灵动、经世致用，一直是苏州与生俱来的天然属性，也是苏州几千年繁荣富庶的主要原因之一。春秋时期吴国的冶炼技术就已经名扬天下，干将、莫邪雄辩地证明了"吴越大概是发明冶金术最早的地方"（郭沫若）。此后经历唐宋的积累，到了明清时期，苏州已经成为商品经济最为发达的地区。商品经济的高度发达和思想的不断解放，必然冲击传统的社会结构和等级观念，影响了几千年的士、商之间的鸿沟终于在明朝这个特殊的节点上被冲破，士绅和商人之间的界限被打破，士、商之间的渗透、转换与融合成为苏州文化一个新的亮点，经世致用从此成为苏州区别于其他文化一个十分显著的特点，"吴中缙绅士大夫多以货殖为急"，经商和入仕成为江南迭相为用、维系家族兴旺的不二法宝。不仅如此，由于商品经济和手工业、商贸业的高度发达，文化向生活渗透，使得各个艺术门类的水平都达到了登峰造极的程度，核雕、玉雕、木工、缂丝、丝绸、印染、造园、饮食等等，经世致用成为苏州文化的显著特点。虽然咸丰十年（1860）庚申之难之后，苏州沉寂了100多年，但是，这种文化基因却并没有因此而改变。

改革开放之后，长期沉默的苏州再次迸发出新的活力，在经济、社会、文化、生态各个领域，都创造了骄人的业绩。在经济发展上，从农转工、内转外到低转高，从苏南模式到高质量发展，创新一直是经济发展的动力之源、成功之道和魅力所在；在社会发展上，城市快速成长，交通网络密布，教育均衡发展，医疗水平大幅提升，养老事业成为全国典范；在文化传承上，从世界遗产的申报到"三古一湖"的保护，从文化强市战略的实施到各种传统手工艺的挖掘，从文化产业到文化创意，从书香苏州到文旅融合，文化软实力已经成为苏州持续发展的重要支撑；在生态文明上，从大运河的改道到水系的疏浚，从围网的拆除到水质的改善，从污水的集中处理到蓝天保卫战的全面打响，"人间天堂"风貌依旧，"自在苏州"成为国内外耳熟能详和心向往之的城市。

如今，苏州的发展站在了新的历史起点，需要我们重新审视苏州文化的价值导向，深入挖掘崇文重教、经世致用的观念，设法打通阻隔创新资源向苏州集聚的各种藩篱，努力形成自己的创新高地，不断提升自身创新能力。

从千年古城到东园西区：追求的是天人合一，体现的是诗意和谐

与中原文化、岭南文化乃至于海派文化相比，吴文化的一个最大特色就是追求诗意的生活与和谐的生活。从人与自然的关系上看，敬畏自然、尊重自然、顺应自然，最终达到"天人合一"。苏州古城"象天法地"顺乎天地、苏州园林"虽由人做，宛自天开"自不必说，改革开放前的"君到姑苏见，人家尽枕河"也不必赘述。仅就改革开放40多年间的发展看，虽然到处高楼林立，但是城市架构亦实现了与自然的高度统一，"真山真水园中城"与"假山假水城中园"完美结合，"双面绣"的城市风貌一直被世人所称道。从人与人的关系上看，人们之间展现出和煦敦厚、儒雅平和、其乐融融的氛围，最终使社会达到高度和谐。苏州40多年间虽然涌入了800多万外来人口，但是在市委、市政府持续推进"文化强市""平安苏州"的前提下，苏州仍然是全国极适宜、极安全、极具吸引力的城市之一。在个人修养上，表现为温文尔雅、温良谦让，沉浸于诗书礼乐，最终达到个人内心的和谐。苏州崇文重教的传统犹在，"先忧后乐"的精神仍在，"匹夫有责"的情怀依旧。正是靠着这些人文精神，"天堂苏州"才仍

今风古韵，天堂新画卷　项彩珍摄

然是苏州最为响亮的名片。这种审美取向和人文精神，对于构建和谐苏州、生态苏州、美丽苏州、宜居苏州具有十分重要的促进作用，值得深入挖掘和大力推广。在新时代追求高质量发展的今天，我们只有大力弘扬苏州文化的审美取向，根据时代需要、顺应发展趋势，以长远眼光看待自身的优劣、以国际视野确定自己的战略、以宽广胸怀尽纳四方人才，我们才能在新时代赢得更大的发展，创造更大的辉煌。

崇文重教
人到苏州必有为

苏州，作为一座自然禀赋卓越、历史文化悠久的城市，不仅以"东南之冠""天下三甲"闻名遐迩，更以崇文重教的优良传统独领风骚。

崇文重教是苏州重要的城市精神，自古以来，在先贤大儒的引领下，苏州教育发达，培育了一代代文化英才，崇文重教的氛围沉淀了苏州的儒雅气度。2013年，苏州火车站广场新设8尊铸铜雕像，分别致敬范仲淹、伍子胥、言偃、泰伯、祖冲之、孙武、白居易、顾炎武等历史文化名人。这些雕塑不仅表达了对历史先贤的崇敬，也体现了苏州尊文重教的传统，成为城市文化的标志性象征，吸引着众多游客的参观与敬仰。国家最高科技奖获得者钱七虎院士，亦为苏州的人才引进倾情代言："不管你的家乡在哪里，只要你来到苏州，就会被这里浓厚的创新氛围、精致的江南文化所打动。"

习近平总书记在平江历史文化街区考察时强调，对于优秀传统文化，要保护好、挖掘好、运用好，不仅要在物质形式上传承好，更要在心里传承好。苏州正是这一理念的践行者。通过梳理苏州的历史文化发展脉络，展现其悠久的崇文底蕴和深厚的重教成就，不仅可以提升苏州在全省、全国乃至国际的地位与影响，更为传承和弘扬中华优秀传统文化做出重要贡献。

苏州崇文重教的发展脉络

苏州，这片承载着深厚文化底蕴的土地，早在遥远的史前时期就已孕育出灿烂的文明。逾万年前，太湖中的三山岛见证了原始居民的活动，标志着苏州历史文化的起源。岛上出土的旧石器时代遗物，不仅是苏州地域内迄今发现的最古老手工制品，更是先民智慧与创造力的珍贵印记，彰显了远古文明在此萌芽的辉煌历程。

上古华章，文明起源——史前时期

新石器时代，苏州迎来了文化繁荣的曙光，马家浜文化、崧泽文化、良渚文化等勾勒出苏州史前文明的发展脉络。草鞋山的先民们，用勤劳的双手从事农业生产，这里有中国迄今发现的最古老的人工开垦的农田遗迹，这里有中国迄今出土的最早的纺织品实物。苏州草鞋山遗址、昆山绰墩遗址和姜里遗址均发现了水稻田遗迹，距今6000多年，这是鱼米之乡的先声。良渚文化时期的玉器，制作精美，种类丰富，可以视为原始雕塑艺术的代表。

苏州先民创造的光辉灿烂的地方文化，为后世留下宝贵的文化遗迹，丰富了中华文化宝库，成为中华民族的摇篮之一。

吴风越韵，文化交融——先秦时期

先秦时期，今苏南为吴文化中心，苏州民风尚武、轻死易发。苏州在春秋时期成为吴国的首都，吴国逐渐强盛，一度争霸中原。苏州作为吴越文化的交汇地，既有两国争霸的刀光剑影，也有吴越文化的深度融合，形成了独特的文化魅力。在这片土地上，涌现出众多文化名士，如至德先圣泰伯、诚信君子季札、南方夫子言偃等。《吴越春秋》中的《弹歌》《河上歌》标志着苏州文学的兴起。

草鞋山遗址

位于阳澄湖南岸，因如草履而得名。在1956年普查中被首次发现，1972、1973年中国考古队对遗址发掘，发现有原始人类居遗迹、墓葬和大量遗物。年成为第七批全国重点文护单位。

草鞋山遗址地层中出大量新石器时代到先秦时遗迹遗物，包括中国最早稻田灌溉体系，为追溯中期稻作农业的起源与发展了重要证据；遗址内还发大量良渚时期的玉琮和玉草鞋山遗址地层堆积丰间跨度完整，被誉为"江南文化标尺"，对东南地区新时代考古学的分期断代具分重要的意义。

泰伯至德与儒学南传。先秦时期，苏州是儒学传播的重要地域。春秋战国时期，苏州在中国学术史上具有一定地位。

商朝末年，泰伯为让王位，与二弟仲雍来到江南，建立勾吴国，堪称吴地始祖。泰伯不仅以兴修水利、发展农耕得到了当地居民的拥戴，还以"三让天下"的高尚德行赢得了人们的广泛赞誉，孔子在《论语》中称赞："泰伯，其可谓至德也已矣。三以天下让，民无得而称焉。"

言偃，春秋时期的一位著名学者，精通诗书礼乐，以文学见长。他是孔子的得意门生之一，被列为"孔门七十二贤""孔门十哲"之一。言偃在弘扬儒家学说方面成就卓著，为孔子众多弟子中唯一的南方学者，他将儒学思想南传至吴地，促进了文化的南北交融与儒家学说的繁荣兴盛。康熙、乾隆二帝

苏州文庙银杏金黄　殷启民摄

南巡时分别题词"文开吴会""道启东南",言子墓雍正年间获题额"南方夫子"。

吴国称霸。公元前585年,泰伯的十八世孙寿梦称王,将统治中心迁往苏州一带,吴国走上拓土争霸的历史舞台。吴王寿梦四子季札,是春秋时期贵族教育饱学之士的典范。他出使"礼乐之邦"鲁国,观看了十五国风和《小雅》《大雅》《颂》等演奏,对每一段诗乐都发表了精彩评论,其独到见解语惊四座。这不仅展现了季札个人的博学多才,使其成为吴国文化自信的杰出代表,也彰显了吴国深厚的文化底蕴。孔子赞叹道:"延陵季子,吴之习于礼者也。"

吴王阖闾发展经济,并兴建了阖闾大城,吴国逐渐走向强盛。苏州作为吴文化的核心区域,古城历经2500余载风雨洗礼,始终保留着"水陆交织、河街相依"的双重棋盘式布局,古韵今风,交相辉映。吴王夫差在位期间,吴国国力达到鼎盛,并展开对外的争霸之路。夫差北上争霸虽然成功,但他也成为吴国的最后一位国君。夫差的一生充满了传奇色彩,他的爱情故事和英雄事迹,成为后世众多文学、戏剧的创作题材。姑苏台是

吴国的皇家园林，开后世苑囿之渐。唐代李白喟叹吴国兴衰："姑苏台上乌栖时，吴王宫里醉西施。"五代欧阳炯感慨千年沧桑："空有姑苏台上月，如西子镜，照江城。"

民风尚武。先秦时期，吴人断发文身、雕题黑齿，民风尚武。春秋战国时期，吴人普遍以勇敢、果断和坚毅著称。尚武的民风孕育出多位杰出的军事名家，其中最为人们所熟知的便是孙武和伍子胥。

孙武，齐景公时的贵族，因国内动荡而避难至吴国。他辅佐吴王阖闾，东定越国，西破强楚，于中原逐鹿中显赫一时，战功卓著。孙武被后人尊称为"兵圣""武圣"，其所著《孙子兵法》共十三篇，为现存最古老的军事理论著作，被后人尊为"兵经""武经""兵家圣典"。苏州是孙武建功立业之地，也是其终老之地。

伍子胥，楚国大夫伍奢的次子，因父兄被害而流亡至吴国。伍子胥在吴国时帮助阖闾夺取王位，扩建都城，破楚服越，因功封于申，故也称申胥。作为春秋末期吴国大夫，伍子胥是一位杰出的政治家和军事家，为吴国的繁荣和强盛做出了不可磨灭的贡献。

初绽风华，文化变革——秦汉魏晋南北朝

秦汉时期，苏州在江南地区崭露头角。秦始皇统一六国后，苏州地区得到了有效的治理与开发。到了汉代，特别是随着丝绸之路的开通，苏州的经济日益繁盛。东汉顺帝永建四年（129），从会稽郡划出东北部地区设立吴郡，该郡至东汉中后期渐成繁华之地，被誉为"熟郡"。魏晋南北朝时期，虽然政权更迭频繁，但苏州的经济文化依然保持了相对的繁荣与稳定。六朝时期，南北文化交流形成第一个高峰，苏州文学兴盛，佛教繁荣。

汉代，苏州文学、学术初步发展，杰出代表有朱买臣、严忌等。朱买臣，西汉重臣，历任会稽太守、主爵都尉，跻身九卿之列。吴中穹窿山中有块大石，称"汉会稽太守读书之处"，相传为朱买臣当年读书、藏书的地方。朱买臣对楚辞的传播做出了重要贡献。从魏晋开始，苏州文学不断发展。

魏晋江东。兴平二年（195），孙策攻占吴郡，以其为根据地建立东吴政权。孙吴政权和东晋南朝时期，苏州继续得到经营发展，政治家展现治国才华，名士们凸显魏晋风采。

文风渐兴。魏晋南北朝时期，北地战乱频发而江南局势相对平稳，大量北方人口南迁，携中原文化精粹而至。南北文化融合促进了苏州文化从尚武风尚向崇文风尚的深刻转变，同时，文学艺术、宗教信仰等领域也呈现多元化的发展趋势。文化世家在此崛起，史料中已有"东土多才俊"的记载。

魏晋南北朝时期，苏州的经学、史学等成就显著。经学家有陆绩、顾野王、皇侃等。陆绩在易学方面有着显著的贡献，著有《周易注》。顾野

王，南朝梁陈杰出学者，源自名门顾雍之后，官至光禄卿。其学识广博，横跨文学、历史、地理、绘画等诸领域，尤以语言文字学造诣最为深厚。其编纂的《玉篇》三十卷，作为现存最古的楷书字典，对文字训诂学贡献卓著。

这一时期，苏州涌现出众多中国美术史上的著名人物，陆探微、张僧繇名列中国古代"画中四祖"。陆探微，南朝宋画家，擅画肖像、人物，与顾恺之并称"顾陆"，艺术手法号为"密体"。其笔下佛教人物栩栩如生，独树一帜，世称"张家样"。而"画龙点睛"之典故，更成千古佳话，传颂不衰。艺术手法以"疏体"著称，与唐代画家吴道子相提并论。

江南雄州，文化初盛——隋唐时期

隋文帝开皇九年（589），"苏州"成为这座城市的名称。隋唐时期，苏州迎来了初步兴盛，唐大历十三年（778）跃升为江南雄州，为国家财政支柱，被白居易赞为"甲郡标天下，环封极海滨""江南名郡数苏杭"。苏州的农业生产非常发达，丝绸、茶叶等特产享誉全国。张家港黄泗浦2008年出土的唐宋港口遗址，有力佐证了彼时苏州的繁华景象，其2013年被列为全国重点文物保护单位，2018年入选全国十大考古新发现。吴文化圈，经过不断演变，成为江南文化核心之一。

吴地风韵。唐代，苏州文学表现别样。与陆象先有关的"天下本无事，庸人自扰之"，与沈既济有关的"黄粱一梦"皆可圈可点。陆器，唐开成五年（840）状元，是苏州地区有历史记载的第一位状元。陆器的曾祖父陆贽，是唐大历年间进士，更是唐代一代名相，官至中书侍郎、同平章事。陆龟蒙，唐代文学家、农学家，曾任湖州、苏州从事，后隐居甫里。他与皮日休齐名，被世人尊称为"皮陆"。陆龟蒙所著《耒耜经》是一部具有重要历史价值和实用价值的农具专著，对隋唐时期的耕作农具和技术进行了总结。

唐代是中国书画雕塑艺术史上的一个高峰。张旭，唐代杰出书法家，曾任常熟尉、金吾长史，被世人尊称为"张长史"。在文学领域，与贺知章、张若虚、包融并称为"吴中四士"。擅长草书，被尊为"草圣"，与怀素并称"颠张醉素"，草书列神品，时与李白诗歌、裴旻剑舞并称为"三绝"。张旭喜欢饮酒，与贺知章等人并称"饮中八仙"。杨惠之，唐代雕塑家，被誉为"雕塑圣手"，其雕塑作品逼真、细腻，壁塑与吴道子的壁画齐名。甪直保圣寺的罗汉雕塑，据说便是出自其手，现为国家级文保单位。

刺史诗风。有唐一代，大量官宦文人纷至沓来，韦应物、白居易、刘禹锡三位著名诗人为后世留下了"苏州刺史例能诗"的美谈。

人间天堂，文风大振——宋元时期

宋元时期，苏州的经济得到长足发展，"苏湖熟，天下足"等谚语流行。南宋后期，苏州成为全国经济文化的重心。宋代的苏州，经济繁荣带动文化昌盛，诗词歌赋、绘画书法等艺术形式不断创新，苏绣、缂丝驰名天下。两宋时期见证了书院教育的兴起、演进及完善，范仲淹引领宋代教育振兴之潮，其间涌现出诸如鹤山书院、浦里书院、文正书院、文学书院、玉峰书院等杰出书院。元代的苏州，即使历经战乱，但文化艺术依然繁荣。

辉煌见证。宋徽宗时，升苏州为"平江府"。苏州城坊格局千年未变、历久弥新，其稳定性成为世界建城史上的罕见奇迹。雕刻于南宋绍定二年（1229）的《平江图》，是中国现存最古老、最完整的城市平面图，它不仅承载着姑苏古城跨越千年的历史记忆，更映照出其昔日的繁荣辉煌。2023年，该图碑刻入选《第一批古代名碑名刻文物名录》。

宋元时期，江南地区海外贸易发达。太仓曾经是海上丝绸之路的重要节点，太仓港在元代被誉为"天下第一码头"，当年这里是元代瓷器贸易的集散中心。2016年，太仓樊村泾发现元代遗址，占地面积约3万平方米，发现遗迹430余处，出土龙窑青瓷等文物约150吨。此项考古成果被评为2017年全国十大考古新发现之一。

唐代，江南便已被比喻为天堂。唐任华称怀素："人谓尔从江南来，我谓尔从天上来。"自南宋起，苏州便有了"人间天堂"的美誉，民谚"上有天堂，下有苏杭"，盛赞其风光旖旎与生活宜居。元初诗人奥敦周卿在《蟾宫曲》中将其改为："春暖花香，岁稔时康，真乃上有天堂，下有苏杭。"

文教名城。宋代，苏州为众多文人墨客所向往，在这里学习、游历、创作。"修身，齐家"是士人步入社会的基石，"治国，平天下"是他们实现人生价值的最高追求。特别是范仲淹，出守苏州时首创府学，文教勃兴，并对之后苏州乃至全国的崇文重教产生深远的影响。

范仲淹，北宋政治家、文学家，世称"范文正公"。范仲淹移守苏州的时间虽然只有一年多，他对苏州的贡献却非常大。他不仅兴修水利、治水救灾，返乡任职时买下南园宅地，

范仲淹像

宋参知政事谥文正范公仲淹

文正当国　先忧后乐　立庄润族

创办府学,引领全国仿效。范仲淹邀请江苏如皋人胡瑗担任院长,其教育思想可以概括为四个字:"明体达用"。"体"是指所有的知识,"明"就是要掌握它,合起来就是:掌握这些知识,用于国家、民生建设。胡瑗因材施教、分斋教育,就是根据学生的喜好、特长,把学生分为两部分:一部分在经义斋学习,主要研究道统理论;一部分在治事斋学习,重点学习专业知识,如农业、水利、数术、兵法等。因为范仲淹、胡瑗,苏州府学培养了一批又一批社会栋梁,为苏州千年文脉的传承奠定了基础。范仲淹还说服宋仁宗以国家行政的方式,在全国各地掀起办学的热潮。

两宋时期,苏州的文学领域取得了显著的成就。众多诗人层出不穷,创作了大量杰出的文学作品。范成大,南宋著名诗人,与陆游、杨万里、尤袤并誉为"中兴四大诗人"。他曾任广西经略安抚使、四川制置使、参知政事等职,晚年退隐故里。其《四时田园杂兴》六十首堪称田园诗之典范,钱锺书在《宋诗选注》中赞其为中国古代田园诗的集大成者。

宋代,苏州的史学研究迎来了一个兴盛的时期,地方志的编纂活动尤为突出。诸如朱长文的《吴郡图经续记》、范成大的《吴郡志》就是在这一时期编纂完成的,它们详细记载了苏州地区的历史沿革、风土人情、名胜古迹等丰富内容,为后世研究苏州的历史文化提供了宝贵的资料。

世间乐土,文化璀璨——明清时期

明晚期开始,苏州是东南地区的区域性政治中心之一。自明万历三十一年(1603)至明朝末年,应天巡抚之署理地点设于苏州。清顺治十八年(1661),江南省右布政使亦迁至苏州。康熙六年(1667),江苏巡抚、江苏布政使、江苏按察使衙门均在苏州。明清时期,苏州迎来全盛时代，诸多领域成就斐然。经济上繁荣昌盛，苏州号称江南首郡，成为全国瞩目的商业都会。文艺上形式多样，苏州涌现出大量诗人、文学家、书画家等，是江南文化的杰出代表。苏州，虽非首都城市，却已是江南乃至全国经济文化中心，引领风骚、独步时代。明代，朝鲜崔溥在《漂海录》中对苏州的繁荣景象赞叹不已："苏州，古称吴会，东濒于海，控三江，带五湖，沃野千里，士夫渊薮。海陆珍宝，若纱罗绫缎、金银珠玉，百工技艺、富商大贾，皆萃于此。自古天下以江南为佳丽地，而江南之中，以苏、杭为第一州，此城尤最。"清代曹雪芹在《红楼梦》中毫不吝啬地赞美姑苏阊门"最是红尘中一二等富贵风流之地"。

文士群聚，文学重镇。明清两代，江南文士众多，文学繁荣，以"东吴三惠"为代表的吴派经学是乾嘉学派的重要流派之一。江南士林凭借强大的文化影响力，构建了"道统"与"治统"交织的宏大历史叙事。

明代，文坛辉煌。明初，高启、杨基、张羽、徐贲被誉为"吴中四杰"。明中叶，王鏊、吴宽成为文坛领袖。明中后期，文徵明、唐寅、祝允明、徐祯卿并称"吴中四才子"。明后期，王世贞执掌文坛长达20载。高启，元末明初诗人，明初曾参修《元史》，授翰林院国史编修官。吴宽，明成化八年（1472）一举摘得会元、状元双桂，官至礼部尚书，成为文坛领袖人物，集诗人与书法家于一身。王鏊，明成化年间接连荣获会试榜首与殿试探花，仕途终至武英殿大学士，唐寅曾以对联颂其文才："海内文章第一，山中宰相无双。"王世贞，明代文学家，官至南京刑部尚书，明清散文八大家之一，主张复古，文必秦汉，诗必盛唐。冯梦龙，明代杰出的通俗文学家，与兄弟冯梦桂、冯梦熊并誉为"吴下三冯"。其编著的《喻世明言》《警世通言》《醒世恒言》，并称为"三言"。"三言"共120篇小说，绝大部分反映的是社会基层的生老病死、喜怒哀乐。其中,《杜十娘怒沉百宝箱》广为流传。《警世通言》里的《白娘子永镇雷峰塔》还曾被改编为电视剧《白娘子传奇》。

明末清初,苏州士大夫表现出经世济民的价值取向。钱谦益,明末清初文学家,虞山诗派领袖,清初诗坛盟主,东林后期领袖,编撰《列朝诗集》,名列"江左三大家"。吴伟业,明末清初的诗坛巨匠,仕清后晋升国子监祭酒,成为娄东派的领军人物。其诗作以《圆圆曲》尤为脍炙人口,被尊为"江左三大家"之一。顾炎武,明末清初的思想家与学术领袖,以博览群书、足迹遍布天下著称。他矢志于"拯斯人于涂炭,为万世开太平",与黄宗羲、王夫之并誉为"明末清初三大儒",连同唐甄共称"明末清初四大启蒙思想家",成为继往开来的一代宗师。金圣叹,著名文学评论家,提出"六才子书"之说,显著提升了通俗文学的学术地位,被视为中国白话文学运动的先驱者。清代小说以褚人获《隋唐演义》的影响最大,毛宗岗父子整理的《三国演义》艺术性更加明显。

艺术鼎盛,戏曲繁荣。明清时期的苏州,书画家众多,是中国艺术重镇,吴门书派、画派形成于此时,昆曲、评弹等流派兴盛。

吴门画派以"明四家"沈周、文徵明、唐寅、仇英最具代表性。沈周,明代画家,一生以绘画作诗为业,擅画山水,亦作细笔,人称"细沈"。文徵明,明代书画家、文学家,官翰林院待诏,以诗、文、书、画"四绝"著称,诗文名列"吴中四才

〔明〕沈周　《苏州山水全图卷》狮山

子"，书法名列"吴门书法四家"，绘画名列"吴门四家"。唐寅，明代多才多艺的画家与诗人，其作品兼融南北画派精髓，笔墨间尽显细腻温婉，以笔墨细腻、构图疏朗、风格飘逸而闻名。他性情豪放，才情横溢，被世人赞为"江南第一风流才子"。到了清代，苏州"四王"——王时敏、王鉴、王翚和王原祁被尊为画坛的正统代表，而徐扬的《姑苏繁华图》《乾隆南巡图》是清代风俗画领域的杰出之作，代表了该时期的一个高峰。吴门书派以"吴门书法四家"祝允明、文徵明、王宠、陈淳为代表。

苏州是明代戏曲中心，戏曲家有梁辰鱼、魏良辅等。昆曲为中国雅文化的代表，世界三大古老戏剧之一，起源于昆山一带。魏良辅，明代戏曲界的杰出代表，官至山东左布政使，退隐后寓居太仓。他深谙音律之道，在昆山腔的基础上，融合了海盐、余姚、弋阳等地方戏曲之精髓，创新出细腻婉转、韵味悠长的"水磨调",亦即后世所称的昆腔。每年中秋前后,昆曲爱好者聚集虎丘,交流唱曲。绍兴名士张岱的《陶庵梦忆》中记述三更时分,竟仍有一百多人围坐,静听一人清唱,展现了当时昆曲的盛况。苏州评弹被誉为"江南曲艺之花",以低吟浅唱演绎金戈铁马、侠义豪杰、儿女情长、家长里短。李玉,明末清初剧作家,为"吴县派"戏曲作家领袖,作有传奇40余种,《北词广正谱》是研究北曲曲律的重要著作。

工艺之邦,园林之城。苏州自古以工艺精湛、园林秀美著称,是能工巧匠的会聚之地,"良工虽集京师,工巧则推苏郡",有"广东匠,苏州样"之谚。

苏州为中国工艺品的传统产地,明清时期手工艺品种占全国手工艺品的半壁江山。"中国四大名绣"之一的苏绣,被誉为"鬼斧神工"的玉雕,"中国三大民间木版年画"之一的桃花坞木版年画,高雅绝俗的苏式

木石雅韵——环秀精品赏石盆景展　殷启民摄

家具，各领风骚。苏绣，被尊为"东方的明珠"、织物上的艺术奇葩，其工艺以绣画为最，遵循"画师先绘，绣师后绣"的原则，尤以"双面绣"技术闻名。2006年，苏绣被列为第一批国家级非物质文化遗产代表性项目名录。沈寿，清末杰出的苏绣巨匠，独创"仿真绣"技法。她的作品《意大利皇后爱丽娜像》在南洋劝业会中脱颖而出，荣获一等奖；另一力作《耶稣像》在美国旧金山巴拿马太平洋万国博览会中斩获金奖。

苏州园林是中国造园艺术的杰出代表。苏州古典园林，明代多达270余处，清代也有130多处，留存至今的有40多处，因此被称为"苏州好，城里半园亭"。1997年，苏州古典园林被列入《世界遗产名录》。"天堂苏州·百园之城"成为苏州新的城市名片。苏州香山帮建筑艺术，苏州市第四批市级非物质文化遗产代表性项目名录传统技艺类项目，融汇了木作、水作、砖作、木雕、石雕等多种工艺。江南地区的木工巧匠，多源自香山，以其卓越的技艺而著称。蒯祥，明代建筑师、画家，被皇帝称为"蒯鲁班"，是香山帮匠人的鼻祖。

社会变革，文化新生——近代以来

晚清至民国时期，苏州经历了前所未有的转型。苏州除了仍是传统国学的重镇，更是中国思想、社会变革的推动者，成为传统与现代交融的前沿阵地、中国与世界沟通的重要桥梁。新中国成立后，苏州在诸多方面都取得了令人瞩目的成就。计划经济时代，"苏南模式"以苏州为核心。改革开放以来，苏州综合实力位居全国前列。

文化转型。清朝后期，洋务运动兴起，苏州开埠，民族工商业诞生。苏州既是传统文化的复兴基地，又是西学东渐的沃土，同时出现了许多有识之士。

文化多元。进入近代，苏州文学百花齐放，多元发展。曾朴，晚清著名小说家，投身于戊戌变法，辛亥革命后历任江苏财政厅、政务厅的厅长。他撰写的长篇小说《孽海花》被列为晚清四大谴责小说之一，堪称苏州文学的典范。包天笑、周瘦鹃、程小青是鸳鸯蝴蝶派的重要作家，不少作品有积极意义。

苏州崇文重教的主要特征

崇文睿智，争先创优

苏州人杰地灵，是全国首批24个历史文化名城之一。崇文重教从唐代后期开始发展，到明清尤其是清代达到空前繁荣。

苏州的城市精神——崇文。

人才辈出。状元文化可以说是苏州崇文重教成果的生动体现。依据《苏州状元》的记录，从隋唐至清末，苏州府共出进士约3000名，包括51位文武状元。清代，苏州人才辈出。就家族而言，归氏出了6个状元：唐代的归仁绍、归仁泽、归黯、归佾、归系，清代的归允肃。陆姓出了5个状元：唐代的陆器、陆扆，清代的陆增祥、陆肯堂、陆润庠。钱棨不仅连中三元，也是清代唯一"六元及第"者。明徐有贞在《苏州儒学兴修记》中盛赞苏州的人才辈出："吾苏也，郡甲天下之郡，学甲天下之学，人才甲天下之人才，伟哉！"苏州籍翰林汪琬更是将状元视为苏州的"土特产"：一为梨园子弟，另一便是状元。

苏州人善学勤思的优良传统，延续至今，且愈发浓厚。截至2021年，苏州籍两院院士已达139人。其中，物理学家有王淦昌、钱人元，化学家有张青莲、顾翼东，数学家有程民德、潘承洞，地理学家有吴传钧，天文学家有陆埮等。自2020年起，苏州特别将每年的7月10日设立为"苏州科学家日"，进一步弘扬学习与创新的精神。

苏州自古以来就是教育的重要阵地，从府学、私塾到书院，再到现代的各类学府。同治十年（1871），美国基督教监理公会在苏州十全街创办学校，标志着苏州新式学校教育的起步与发展。之后，有光绪九年（1883）的天赐庄新式女子小学，光绪二十七年（1901）的最早的高等学校——东吴大学堂，等等。光绪二十六年（1900），正式开办中西学堂，苏州开始了传统书院近代转型的路程。苏州百年老校的总量在全国地级市中排第一，在全国城市中名列前茅，总数超过110所。正是有了这些百年老校的教育传统和精神滋养，苏州才走出了众多的状元、院士和数不清的其他杰出人才。

追求卓越。苏州是名副其实的人文荟萃之地，精益求精、争先创优的工匠精神早已融入城市血脉，成为苏州城市精神的重要组成部分。

早在春秋时期，吴国起初只是长江下游地区的新生力量，却以其卓越的军事策略和不懈的进取精神，成为诸侯国中的佼佼者。公元前506年，吴军在吴王阖闾的带领下，千里奔袭，五战五胜，直破郢都，吴国声威远播。公元前494年，吴王夫差在伍子胥的辅佐下，将越国打得溃不成军，被迫投降。公元前482年，通过黄池之会，吴王夫差登上盟主之位。可以说，正是因为追求卓越、勇于挑战的精神，吴国才能成为春秋五霸之一。吴国兵器因其卓越的工艺和上乘的品质而闻名遐迩，这不仅得益于当地无与伦比的冶金技术，更是苏州匠人追求卓越、勇于创新的精神写照。

其中，尤以吴剑最为著名。《考工记》中就有记载："郑之刀、宋之斤、鲁之削、吴粤之剑，迁乎其地而弗能为良，地气然也。"在苏州博物馆的典藏瑰宝中，铼昧剑在先秦兵器中为最长铭文之典范，夫差剑则在现存的数柄同名古剑中是保存最完好的。这两柄宝剑，尽显大国工匠的非凡风采。

苏州的工匠们，凭借着对技艺的执着追求，手法精湛、技艺绝伦，工匠精神代代相传、历久弥新。明代中后期开始，无论是精细别致的苏式糕点，还是沁人心脾的太湖春茶，无论是典雅大方的苏式家具，还是精美至极的宋锦苏绣，都是追求卓越的体现。陆子冈琢玉之艺、鲍天成犀作之技、周柱之镶嵌之绝、朱碧山金银锻造之工，皆为匠人精神与工艺精湛的典范。

苏州对精致卓越的追求，引领了全国时尚审美的潮流。明王士性在《广志绎》中指出苏州的雅俗成为全国风尚的风向标："又善操海内上下进退之权，苏人以为雅者，则四方随而雅之；俗者，则随而俗之。"明末张瀚的《松窗梦语》就提到了苏州的生活方式及其不断扩大的影响力。苏州人对日常生活形成了自己独特的文化理念，加上苏州人能够不断顺应市场的需求，这也促成了"苏式生活"的影响力越来越大。清丁柔克的《柳弧》展现了苏州的琴音昆曲之雅韵、笔墨苏工之精妙、园林家居之雅致、苏式器具之匠心、服饰发型之别致、苏宴美食之风味，多维度引领时代风尚，影响深远而持久。

苏州府学图

开放包容，创新进取

苏州的发展历程，深刻诠释了开放与包容并存、继承和创新统一的精神内核。水善利万物而不争，江南水乡苏州同样是海纳百川、有容乃大。包容、进取等精神赋予了这座城市无尽的活力与魅力，在历史上一次次引领时代。

英才汇聚。苏州始终坚持聚天下英才而用之。3200多年前，泰伯南奔，带来了先进的中原文化，为江南地区的经济和文化发展奠定了坚实的基础。泰伯在吴地立国，其"至德"之行点燃了江南文脉的薪火，为后世文人学士、骚人墨客所景仰。吴国时期，统治者加强与中原文化交流，主动学习先进文化，接纳了来自四面八方的英才。如吴王阖闾，正是因为取得了伍子胥、孙武等人的帮助，才最终成就了一座延续了2500多年的姑苏水城。

汉初，苏州地区迎来第一次重要的南北文化交流。吴王刘濞招揽四方文学之士，齐人邹阳、淮阴人枚乘齐聚吴下。邹阳为文学家、散文家，枚乘为文学家、辞赋家。严忌、朱买臣等苏州人前往京师，推动南方文化在北方的传播；后来均任会稽太守，又将北方文化带到苏州。西晋时期，顾荣、陆机、陆云等苏州士族前往洛阳发展，三人时称"三俊"。永嘉之乱后，苏州地区南北方文化交流达到了一个高峰。

包容创新。唐宋明清时期因为包容精神而成为古代中国对外交往的重要见证。从鉴真六次东渡传播思想文化，到郑和七下西洋开辟贸易航路，苏州都是古代中国与世界交流的重要窗口，促进了中外文化的传播和交流。2008年，张家港黄泗浦发现唐宋时期港口集镇遗址，这里是鉴真第六次东渡的起航地——呈现了1300多年前的繁华景象。

今天的苏州，以创新驱动为翼，经济迅猛增长。汇聚于此的创业先锋与实干家们，不断推进产业转型和技术创新，深化与全球经济的互联互通，共同构筑起具有全球竞争力的现代化产业版图。从传统的丝绸、刺绣等手工艺品，到现代的高新技术产业和智能制造，苏州在不断的探索和创新中取得显著成绩。昨日的吴地，英才辈出、风云激荡。今天的苏州，薪火相传、再续华章。苏州这座千年古城，以创新进取的姿态，迎接更加美好的明天。

人文昌盛，天下情怀

进入六朝，北人南来促进了南北文化的深度融合。随着大运河的开通，全国经济重心南移，苏州成为南北交通的要冲，更是人文昌盛的典范。两宋期间，以苏州为中心的江南地区，诗词、书画、文学等领域在全国都处于领先地位。

人文昌盛。苏州自古以来便人文昌盛，在文学、书法、绘画、戏曲、园林、建筑、工艺等方面均取得重大影响，并总是处于领军位置。

苏州文学最早可追溯到孔子门生言偃。步入近代，苏州更是文脉绵延，孕育出一批杰出文学家与戏剧巨匠，吴梅便是其中的佼佼者。吴梅，词曲领域的杰出学者，被公认为该领域的大家，学术生涯丰富多彩，曾在北京大学、中山大学、中央大学以及金陵大学等多所知名学府担任教授职务。

苏州是绘画重镇。南朝刘宋时期，陆探微融书法精髓于绘画之中，创作出"秀骨清像"的风格，其艺术造诣与晋代顾恺之、梁朝张僧繇、唐代吴道子并驾齐驱，并誉为画坛"四祖"。黄公望，元代画家，曾任廉访司和察院的书吏，擅长画山水，《富春山居图》是其传世佳作中的瑰宝，他与王蒙、倪瓒、吴镇并称为"元四家"。明代中叶，沈周、文徵明、唐寅、仇英合称"吴门四家""明四家"。苏州桃花坞，与天津杨柳青并称"南桃北柳"，对日本浮世绘艺术产生很大影响。

苏州乐曲艺术丰富多彩。昆曲源自苏州，被誉为"百戏之母"。弹词轻柔婉转，流行于苏南。古琴艺术在全国地位突出，常熟虞山琴派名扬四海。苏州宗教音乐极富特色，其中玄妙观斋醮音乐尤为代表。

苏州古代科学家在科技方面书写了辉煌的篇章。南北朝时期的数学家祖冲之，算出的圆周率数值，在当时的世界无出其右；其编制的"大明历"，精确程度与现代科学所测定的回归年长度相比只差50秒。清王锡阐的《晓庵新法》提出了众多创新的算法，很多算法超越了当时西方的同类研究。清孙云球用水晶材质磨制出72种光学仪器，所著《镜史》是中国首部系统阐述光学原理与应用的著作。

天下情怀。苏州人具有天下意识和责任担当。先秦时期，泰伯南奔，不仅成全了父亲的意愿，避免了因王位争夺带来的纷争，为三弟和侄子推翻商朝奠定了基础，而且在吴地传播中原文化，开启仁义之风。春秋时期，季札多次拒绝继承王位，遵循立长的祖制。在父子相疑、兄弟相残的春秋乱世，泰伯、季札无疑是一股清流，也有心念天下苍生的考量。言偃不仅自己擅长诗书礼乐文章，并将之付诸实践，宰制武城时注重礼乐教化，百姓安居乐业。他将武城人澹台灭明推荐给孔子，使其显达并在苏州一带传播孔子学说。北宋之际，范仲淹推崇教育、创办义学，更亲赴边防、抵御外侮。其"先天下之忧而忧，后天下之乐而乐"之理念，对后世产生了深远的影响。明代，况钟以清正廉洁著称，三次任职苏州期间，整顿吏治，减轻负担，不仅使苏州官场正气浩然，也使苏州百姓安居乐业，从而被苏州百姓尊称为"况青天"。

苏州人民具有浓厚的家国情怀，国家利益在他们心里始终高于一切，使得报效祖国、热爱故土成为他们的自觉行动。在历史的关键时刻，这种情怀表现得尤为明显。1937年，当抗战全面爆发之际，许多在海外求学的学子，如张光斗、张青莲、黄文熙、时钧等人，毅然回到苦难深重的祖国，献身于抗击外侮、救亡图存的伟大事业中。新中国成立后，又有许多苏州籍的科学家和学者，如殷之文、李正名、郑国锠、陈华癸等，放弃国外安定的生活环境和优越的科研条件，回到祖国，投身到新社会的建设热潮中。

苏州人民具有勤奋钻研、开拓创新的精神和不屈不挠、勇攀高峰的意志，这是推动苏州不断发展、不断前进的重要动力。苏州一直以永不满足的积极心态，抢抓机遇，争先发展。新中国成立后，钱三强、何泽慧夫妇肩负使命，共同创建了近代物理研究所。他们用智慧和汗水，开创了中国科研事业的新纪元。

苏州，这座历史悠久的江南名城，在历史的长河中经历了无数次的变迁与洗礼，在南北文化的碰撞与交融中保留了其独特的魅力，更在新的历史条件下谱写出新的发展篇章。

无论是古老的园林、典雅的古镇，还是精致的手工艺品和美味的苏式菜肴，都体现了苏州人对知识的追求和对生活的热爱。无论时代如何发展，这些传统文化都得以传承和发扬，成为苏州独特的文化符号。而且，苏州没有止步于传统。在新的历史条件下，苏州积极响应国家的发展号召，以建设"强富美高"新苏州为目标，不断推动经济社会的快速发展。苏州人民踔厉奋发，勇攀高峰，在科技创新、产业升级、城市建设等方面取得了显著成就。

顾雍，官至东吴丞相，开辟一族家风。《礼记·大学》中说：『古之欲明明德于天下者，先治其国。欲治其国者，先齐其家。』顾雍深受影响，奠定了顾氏『忠厚』的家风——践守忠良、遵守礼法、博闻强记、好学多艺。顾氏家族因此成为苏州历史悠久的大族。

陆机，西晋文坛巨匠，兼擅书法、辞赋，其文学创作横跨诗歌、散文诸域，成就斐然。所著《文赋》乃中国文学批评先河之作，草隶作品《平复帖》则被尊为书法典范。担任过平原内史，被时人尊为『陆平原』。作为孙吴丞相陆逊之孙，他与弟陆云并誉为『二陆』。

张翰，西晋文学家，是留侯张良后裔，官至大司马东曹掾。张翰在洛阳为官期间，因思念家乡的莼鲈味道而毅然辞官归乡。于是，历史上留下了『莼鲈之思』『思归张翰』等典故，唐宋以后文人墨客多引用以寄乡关之思。

韦应物，唐诗人。做过三年苏州刺史，注重民生，兴修水利，减轻赋税。

他勤政爱民，『身多疾病思田里，邑有流亡愧俸钱』。他两袖清风，居然清贫到无资回京，客死苏州永定寺。后世称其为『韦苏州』；苏州百姓尊其为『苏州三贤』之一，将其列为城隍神。有《韦苏州集》。

白居易，唐诗人。担任苏州刺史的时间不到两年，但修筑了东起阊门西至虎丘的山塘河堤，改善了苏州西北郊的水利和交通，为苏州『长留一道春』。回到洛阳之后，白居易对苏州仍保留着深刻的眷恋。苏州百姓尊其为『苏州三贤』之一，将其列为城隍神。有《白氏长庆集》。

刘禹锡，唐文学家、哲学家。担任苏州刺史三年，刚到苏州就碰到较重水灾，他开仓赈饥，疏浚河道，使民无流徙，政绩获得朝廷高度评价，获赐紫金鱼袋。苏州百姓尊其为『苏州三贤』之一，将其列为城隍神。有《刘梦得文集》。

俞樾，晚清时期杰出学者、文学家、经学家，于道光三十年（1850）中进士，曾任翰林院编修，后迁居苏州，专注学术研究。他在经学、诗词、小说、戏曲等多个领域均有深厚造诣，尤其在经学方面成就显著，赢得『朴学泰斗』的赞誉。

冯桂芬，道光二十年（1840）榜眼，授翰林院编修，曾先后主讲金陵、上海、苏州诸书院，提出『采西学、制洋器、筹国用、改科举』等建议，强调学习西方科学技术，兴办军事工业。他是近代中国思想史上承前启后的人物，被资产阶级改良派奉为先导。

王韬，晚清时期学者、维新派思想家、文学家及报业先驱。他曾游历西欧，考察日本，提倡变法与革新。作为早期的启蒙思想家，王韬对资产阶级革命产生了深远的影响。

陆润庠，清同治十三年（1874）状元，官至吏部尚书、东阁大学士，兼任光绪、宣统两朝帝师。作为苏州历史上最后一位状元，他在光绪二十二年（1896）参与创立了苏纶纱厂与苏经丝厂，引领了苏州近代民族工业的发展潮流。

章炳麟，近代民主革命家、思想家、学者，号太炎。早年参加戊戌变法运动，在日本组织光复会，并参加同盟会，辛亥革命后从事反袁世凯斗争。学识渊博，在哲学、文学、史学等方面均有重大成就。

陈去病，清末民国间诗人。原名庆林，光绪诸生，赴日本留学。回国后加入同盟会，参与创立南社。民国时，历任国会参议院秘书长、江苏革命博物馆馆长、东南大学教授等职。曾创办《二十世纪大舞台》杂志，提倡戏剧改革。工诗文，著有《浩歌堂诗钞》等。今人辑有《陈去病全集》。

柳亚子，近现代诗人，参与过同盟会与光复会，创立南社。他曾担任孙中山大总统府秘书、上海通志馆馆长。新中国成立后，柳亚子担任了中央人民政府委员和全国人大常委会委员等职。

顾颉刚，历史学家、历史地理学家，民俗学开拓者，古史辨学派创始人，主持《资治通鉴》和《二十四史》的校点工作。新中国成立后任中科院历史研究所研究员和学术委员，

程小青，中国作家、翻译家。早年曾在上海世界书局编辑《侦探世界》月刊，从事侦探小说的翻译与创作。1924年为无锡《锡报》副刊编辑。抗战胜利后主编《新侦探》。1949年后为作协江苏分会专业作家。主要作品有系列侦探小说《霍桑探案》，与人合译《福尔摩斯探案全集》等。有《程小青文集》。

叶圣陶，集作家、教育家、出版家与社会活动家于一身，被尊为『优秀的语言艺术家』。历史学家、历史地理学家，民俗学开拓者，古史辨学派创始人。主持《资治通鉴》和《二十四史》的校点工作，其小说《倪焕之》是我国现代文学史上第一部长篇小说。

俞平伯，著名作家及学者，其《红楼梦研究》被誉为『新红学派』的标志性著作。他与胡适齐名，被认为是『新红学派』的奠基人。新中国成立后，俞平伯先后担任北京大学教授、中国社会科学院文学研究所研究员等职务。

新凤霞，评剧表演艺术家。幼时曾学京剧，13岁改习评剧，演青衣、花旦。1953年入中国评剧院。唱腔玲珑婉转，嗓音甜润清脆，并创造了许多新的板式和唱腔，丰富和发展了评剧女腔。1975年后为青年演员说戏，并撰写《新凤霞回忆录》等书。曾任中国戏剧家协会理事。

苏式生活
精致雅趣

苏式生活，集风尚时令、四时美食美景，融精工巧思、苏货苏样苏意，反映了苏州个性化的城市风情和独特的市民生活情趣。过去的苏式生活曾为人所津津乐道，现在的苏式生活正为人所追风（时尚）有加，将来的苏式生活必为人所艳羡不已。

在苏州的古巷深处，一种独特的岁月模式悄然流传，那便是所谓"苏式生活"的精致雅趣。苏州，不仅是一座历史悠久的城市，更是工艺美术、美食、时令、家居、戏曲、礼仪、情趣的集大成者，这些元素交织出了一幅独特的城市风情文化图卷。

对一个长期居住在北方的人来说，看惯了"大漠孤烟直""烟里黄沙遮不住"，走过西风古道，经历了"秋风卷白草，沙漠雪纷纷"，江南或许很遥远，或许就是心中一个梦，梦里杏花烟雨浓，梦里诗书画卷长，梦里有小桥流水、粉墙黛瓦，梦里有雨巷石板、油纸伞，还有丁香花一样的姑娘。

三生花草梦苏州

苏州，就是这个梦里最清晰的影子。

这是完全不一样的生活，是基于山原川泽对文化形态和生活方式的浸润与影响。自然地理和人文地理的交相呼应，给人们的衣、食、住、行以巨大影响，人们依据这些条件决定自身的生产方式和生活方式，进而使中国文化呈现多姿多彩的画面。

拨开历史烟尘，凝眸回望，苏州自古就是长江三角洲重要的中心城市，是吴文化的发祥地之一，有"人间天堂"的美誉。这里四季分明，雨量充沛，物阜民丰，有"水乡泽国""天下粮仓""鱼米之乡"之称。"苏湖熟，天下足"，这片土地上种植水稻、麦子、油菜、林果等，出产莲藕、芡实、茭白等水生作物，特产有鸭血糯、白蒜、柑橘、枇杷、板栗、梅子、桂花、碧螺春茶等；因为坐拥太湖和长江，还有鲥鱼、刀鱼、河豚、太湖白鱼、银鱼、白虾和阳澄湖大闸蟹等著名水产品。三弦琵琶声声润，吴侬软语唱江南，得自然生态、经济人文之利，苏州经济繁盛、人文荟萃，手工艺制作风尚高雅、巧夺天工，曲艺文娱丰富，昆曲、评弹天下知闻。明朝著名"布衣诗人"沈明臣在《苏州曲》中吟唱："三万六千容易过，人生只合住苏州。"

沧海桑田，风云变幻，诗歌中的阖庐城和木兰舟已经不在，里巷间的昆曲、评弹的腔调也许有变化，但正是从博物架上陈列的精巧工艺品，从市井叫卖的柴米油盐酱醋茶，从花窗漏影下的座椅卧榻茶香袅袅，聚拢起的一缕缕人间烟火气，给苏州这座如同"双面绣"一样的城市，注入了精致雅趣、温润如水的生活滋味。

苏州的生活精细而雅致

明朝正德四年（1509）左右，在永嘉做知县的王献臣辞去官职，返回老家苏州。从少年束发而行纵马得意，到鬓角染霜一袭青衫归来，看惯了官场的波诡云谲，北地的苍茫辽阔，他也思量家乡的山水和好友。归来之前，他买下苏州城东北大弘寺的废弃土地，委托好友文徵明，精心策划和设计，建成一座园子，并取西晋文学家潘岳《闲居赋》中"此亦拙者之为政也"之句，将之命名为拙政园。

王个簃《洞庭丰产图》

进而兼济天下，退则独善其身。正如《晋书·张翰传》中所述，"翰因见秋风起，乃思吴中菰菜、莼羹、鲈鱼脍"，"秋风起兮佳景时，吴江水兮鲈鱼肥"。因此诞生一段佳话，造就一个成语"莼鲈之思"。当时，张翰在洛阳为官，难道仅仅是为了吃故乡一口菜、一条鱼而弃职回来吗？当然，有伤亡国之痛，有不忍官场倾轧，有不适北方风土的种种原因，不一而足。但江南的鱼菜、苏州的生活，却在历史上留下一道深深的印记。

精致从何而来

在苏州，与家人围炉，暖意融融；

在苏州，与人吵架，也是软语温存；

在苏州，设宴聚饮，四季瓜果，不时不食；

在苏州，琴棋书画，知音可觅，身心熨帖。

这里的山青秀，这里的水柔媚，这里的民俗亲切，这里的饭菜养人，这里的工艺精湛，这里的文人气最浓，这里的生活文化独树一帜。

参与拙政园设计的文徵明，是苏州名门望族子弟，工诗文书法，尤擅绘画，与沈周、唐寅和仇英三位著名的明代画家，并称"吴门四家"。文家到了曾孙一代，文震孟以文才闻名海内，明天启二年（1622）状元及第，授翰林修撰。

文徵明的另一位曾孙文震亨，史书上说他善园林设计，"小楷清劲挺秀，刚健质朴，一如其人"。虽然仅仅是"选贡生"，但也能"撸起袖子"参与苏州市民抗暴的"五人事件"，营救被魏忠贤迫害的周顺昌。据巡抚毛一鹭上奏，说是一位叫文震亨的带头造反，这件事被张溥写入《五人墓碑记》，收为《古文观止》之压卷之作。能诗能画，善书法会设计，还有忠贞之心抗暴之举，这个文人，是不是很有趣？更有趣的是，他还把自己过日子的心得写成了一本书——《长物志》。

文氏家族在一百多年的时间里，建立起的美学思想和艺术实践，最终被文震亨落于笔下，浓缩成了一部《长物志》，刊刻发行，后被收入《四库全书》。

适逢明末，风雨飘摇，生活，究竟还能怎样？

翻开《长物志》，眼前仿佛闪过夜空中的一道道流光，让人目不暇接，让人耳目一新，让人目瞪口呆。生活，还能这样啊！

室庐、花木、水石、禽鱼、书画、几榻、器具、位置、衣饰、舟车、蔬果、香茗十二卷文字，字字珠玑。文震亨将自己对琴棋书画、焚香饮馔、服饰器用、造园布景的涵养见识，汇编成集，晴窗书事，挥尘闲吟，篝灯夜读，醉筵醒客，蕉叶调琴。在他的笔下，无论是书画古琴，器物珍玩，还是草木、池鱼、景观、书房卧室、案头、茶室空间内外，可大可小，大可以一方庭院，小可以一个蒲团，或是朴雅、淡雅、优雅，或是清丽、艳丽、明丽，成为晚明文雅品味的指南。长物，本乃身外之物，饥不可食、寒不可衣，但正是它们，让我们的生命向更深更广处延伸，有了美和趣。

如果说苏州园林是"身在城市，心向山野"，那么苏式生活，则是一种士大夫精神需求下形成的中国传统生活美学，呈现的是对宅院、家居、食物、诗书画、草木的极致用心，呈现的是将生活艺术化、美学化的极致态度。

时间过了三百七十年，牛津大学艺术史系讲座教授柯律格（Craig Clunas）为此写了专著《长物：早期现代中国的物质文化与社会状况》，书中他比较了物和器、古和旧、雅和俗、佳和精、用和玩、奇和巧、赏鉴和好事、古董等系列明代相关著作中的主要鉴赏语言，并指出还有不时出现的"趣"字。

天地有大美，苏州的精细、雅致，根植于丰富的物质产出，源于对生活的热情，源于对审美的极致需求。《长物志》将苏州的精致典雅，将千年的灿烂文明汇于笔下，这是一个时代的风采，光芒万丈。

历史如烟尘，生活在继续

苏式生活的一天，从舌尖上开始。陆文夫小说《美食家》笔下人物朱自冶，每天早晨眼睛一睁，头脑里便跳出一个念头："快去吃头汤面。"一碗面，看似随意，但蕴含了许多生活的精细。苏式面重在汤头浇头，汤要清而不油，用猪骨、鸡骨、鳝鱼骨熬制，咸淡适中，味鲜而食后口不干。至于浇头，焖肉、虾仁、大排、肉丝、爆鱼、爆鳝、鳝糊、卤鸭等，琳琅满目，异彩纷呈。苏式面曾经凭借五百一十八种浇头创造了一项新的纪录，被认定为"世界上浇头种类最多的原汤面"。苏州面的吃法分硬面、烂面，宽汤、紧汤、拌面，重青（多放蒜叶）、免青（不放蒜叶）、重油（多放点油）、清淡（少放油），重面轻浇、重浇轻面，等等。还有"过桥"，就是浇头不能盖在面上，要放在小碟子里，吃的时候要用筷子夹过来，好像是通过一顶石拱桥才跑到你嘴里。

松鼠鳜鱼　尤薇摄

不时不食

清代苏州人顾禄在《桐桥倚棹录》中记有苏州山塘街饭店热销的清汤面、卤子面等。清代著名学者俞樾在《耳邮》笔记中写到：苏州旧有一面店，以鳝鱼面店得名，从而名声大振。太仓的红汤羊肉面、昆山的奥灶面、常熟的松蕈面、吴江的酱鸭面、张家港（沙洲）的鱼汤面等，都是别具风味。

常熟兴福寺是一座拥有千年历史的古刹，因寺在破龙涧旁，故又称"破山寺"。寺院位于虞山脚下，这里松竹掩映，山光明媚，花草茂盛缤纷。诗人常建曾写下《题破山寺后禅院》一诗，其中"曲径通幽处，禅房花木深"传诵至今。如今，兴福寺蕈油面已成为常熟的一张新名片，而食材中有"素中之王"之称的松树蕈，更是出名的美味。

枫镇大面，起源于苏州的枫桥镇，被誉为"最难做、最精细、最鲜美"的一碗面。面汤鲜美，焖肉细嫩入口即化，由于调味不用酱油，汤汁清澈，所以称为白汤大面。更难得的是，汤中还有一种特殊的食材，那就是酒糟。酒糟的加入，可以说是画龙点睛，不仅增加汤的香气，还能去除肉的腥味，让汤的味道更加纯净。"姑苏城外寒山寺，夜半钟声到客船。"一曲《枫桥夜泊》勾起多少离人愁思，而这么熨帖的一碗面，饱了肚腹，润了愁肠，暂忘忧愁疾苦，岂不快哉？

吃完面，沏一杯茶，或虞山炒青，或明前碧螺，细细品味江南的沁人春意。

碧螺春是中国十大名茶之一，色泽翠碧、白毫显露、卷曲成螺，产于春季，故名"碧螺春"，已有一千多年历史；因产于苏州太湖的东洞庭山及西洞庭山，又称"洞庭碧螺春"，唐朝时就被列为贡品。作为苏州特产，碧螺春被评为国家地理标志保护产品。"一斤碧螺春，四万春树茅"，碧螺春绿茶制作技艺采取传统的采制技艺，分为采摘、拣剔、摊放、高温杀青、揉捻整形、搓团显毫、文火干燥七道工序，2022年，包含"碧螺春制作技艺"在内的"中国传统制茶技艺及其相关习俗"被列入人类非物质文化遗产代表作名录。

浩浩长江和森森太湖，把大自然的最好产物馈赠给这片土地，把生命的福泽赐予这里的人民。苏州人爱吃、会吃、讲究吃，吃"时令"，又愿意花时间研究菜肴，低调精致地将琐碎日常过得精而不贵、细而不俗。

春有桃花酒，夏有杨梅酒，秋有桂花酒，冬有冬酿酒，四季更替，苏州把每一个时节时令都化作味觉的享受，表达着对生活品质的追求和态度。

正月塘鳢肉头细，二月桃花鳜鱼肥；

三月菜花甲鱼嫩，四月鲥鱼加葱须；

五月白鱼吃肚皮，六月鳊鱼鲜如鸡；

七月鳗鲡酱油焖，八月鲃鱼要吃肺；

九月鲫鱼要塞肉，十月草鱼打牙祭；

十一月鲢鱼吃只头，十二月青鱼要吃尾。

"不时不食"，是一种智慧，更是一种生活的态度。

春天可以尝碧螺虾仁、腌笃鲜，鲜嫩可口；夏季有西瓜鸡、三虾面，清爽宜人；秋有大闸蟹、鲃肺汤，人间至味；冬有水八仙、青鱼甩水，唇齿留香。

苏州的糕团点心也有时令，春饼、夏糕、秋酥、冬糖。与京式糕点、粤式糕点齐名的苏式点心，注重工艺，造型典雅，口味偏甜。苏式月饼是

定胜糕　韩丽媛摄

用包酥法制成的酥皮月饼，色泽金黄，酥皮层次分明，馅心咸甜兼备，香柔酥软，月饼表面有品名红印，底部有方形垫肚纸。起源于明代的苏州船点，作为太湖游船上的点心，将花卉瓜果、鱼虫鸟兽等形象引入，香软糯滑、小巧玲珑，形状各异、栩栩如生，既可观赏也可品尝。《红楼梦》第三十九回中提到的菱粉糕和鸡油卷儿就是船点。

　　糖粥是苏州寻常小吃，一碗雪白的糯米粥上，覆盖一层棕红色细腻赤豆沙，用勺子慢慢搅拌均匀后品尝，每一勺都有甜甜的米香与豆香，以及似有若无的桂花香，令人欲罢不能，回味无穷。在苏州，生活的每一个细节都充满仪式感。一桌精致的苏式菜肴，从选材到烹饪，无不讲究。一道松鼠鳜鱼，外形犹如松鼠，口感酸甜可口；一份清炒虾仁，晶莹剔透，鲜嫩爽滑。就连小小的点心，也做得极为精巧，如梅花糕、海棠糕，不仅味道绝佳，更是一件件艺术品。麻饼乾生元，酱肉陆稿荐，糖果采芝斋，糕团黄天源，糕饼稻香村，茶食叶受和，腌腊生春阳，菜馆松鹤楼……老字号传承地道的苏州味道，虽然历经百年风雨，依然惊艳今人的味蕾。

民以食为天。从舌尖感受江南文化、苏式生活，大快朵颐的同时，慢慢体会漫长历史进程中坚守和传承的不易。"莼鲈之思"，不只是怀旧眷恋，不只是外出游子的乡愁，更承载着川流不息的如水文脉，承载着开放包容、守正创新、精益求精的苏州精神。

饮食品位关乎经济，服饰时尚引领潮流

细数当今的国际时尚之城上海、巴黎、伦敦、东京、纽约、米兰等，都是通过强大的经济基础和独特的文化活力，引领全球潮流。但在人类悠长的岁月长河中，因为太年轻，还是有点艳，有点炫，少了些山高水长的隽永，缺了些落花静好的厚重。五百多年前，有着发达工商业的苏州，就以纺织、服饰、家居、美食方面的精湛工艺和无与伦比的设计手法，站在了全球时尚的前沿。明清时候，苏州女子服饰端庄秀美、宜工宜居，人们把苏州一带流行的服饰与装扮称为"时妆"，把从苏州发展出来的流行服饰称为"苏意"或"苏样"，影响遍及全国。

春秋时期，吴国已将刺绣用于服饰。到了明清，江南已成为丝织手工业中心。

苏绣承载了苏州的温婉柔美，苏州则赋予苏绣艺术题材和灵动气韵。"一片丝罗轻似水"的苏绣，先后到世界一百多个国家和地区展示，被故宫博物院、台北故宫博物院、大英博物馆等永久收藏，被称为"东方的艺术明珠"。刺绣艺人以针作画，在丝织物上挥洒才思，"人物能有瞻眺生动之情，花鸟能报绰约亲昵之态"。随着唐寅、沈周为代表的吴门画派崛起，文人笔墨画师技法，进一步推动了苏绣的发展。发展到"苏州宋锦"，

中国工艺美术大师殷濂君绣品　殷启民摄

色彩绚丽，图案精致，质地坚柔，触摸其纹理，能感受到历史的厚重与传承的温度，被誉为"锦绣之冠"。缂丝，作为国家级非物质文化遗产，以其精湛的技艺令人赞叹。一寸缂丝一寸金，是时光的沉淀，是匠人对美的执着追求。

苏工苏作

不只是丝绸的"衣被天下"，不只是服饰的"精致华美"，不只是刺绣的"巧夺天工"，苏州的工艺，如繁星璀璨，闪耀着智慧与典雅的光芒。

"良工虽集京师，工巧则推苏郡"，这句话出自明代学者宋应星《天工开物》，用来赞美苏州工匠的精湛技艺。作为苏作苏工的代表，苏州玉雕工艺在明代，就已经以其精细和灵巧闻名全国。《紫禁城》记载："陆子冈擅长圆雕、镂雕、阴雕、嵌金银丝、嵌宝石。"太仓人陆子冈，凭借自身书画艺术的修为，开启了"诗书画印"入玉，以其擅长平面减地之技法形成了自己的独特风格，在严苛的"匠户"制度下，赢得可以落款留名的权利。虽是一介工匠，却名闻朝野。

在太湖之滨，有一处充满传奇色彩的地方——香山。这里，诞生了一个传承千年的建筑流派——香山帮，明清时期达于鼎盛。回溯唐代，香山走出的"塑圣"杨惠之，巧妙地将张僧繇的绘画风格融入雕塑之中，甪直保圣寺中残存的九尊罗汉，便是他巧夺天工的精品之作。时光流转至明清，故宫、天安门、苏州园林等建筑，皆因香山帮匠人的巧手而闻名于世。那飞檐翘角、雕梁画栋，仿佛都在诉说着以蒯祥、姚承祖等为杰出代表的苏州香山帮匠人的故事。亭台楼阁布局严谨，雕梁画栋制造精细，飞檐斗拱鬼斧神工，传统的建筑犹如凝固的乐章，一砖一瓦皆凝聚着匠人的心血。时至当代，苏州香山帮匠人走出国门，在纽约大都会艺术博物馆仿照网师园的殿春簃修成"明轩"，让世界领略到中国建筑的魅力。

苏州博物馆藏品真珠舍利宝幢，则是苏州工艺的集大成者，展现了苏工苏作的登峰造极。苏式家具典雅秀俊，简约而不失大气，以"形制、线条、结构、气韵"为世人所赞赏，被人誉为"文苏"。从装饰题材到制作工艺范式，众多苏州文人和画家倾注才思，为家常日用的家具增添了"醇古风流"的文化旨趣。1966年被发现的王锡爵夫妻合葬墓中，那一套微缩明式家具，仿佛将历史的片段定格，让人遥想当年的繁华。苏州核雕则与崇尚雅玩风气有关，《核舟记》里明代王叔远所制不盈寸的《东坡赤壁游》，人物栩栩如生，八扇小窗开启自如，小小的果核上展现出大千世界。桃花坞木版年画有着四百多年历史，不仅有精湛的刻版技艺和套色印刷工艺，还因书画名家参与创作，赋予其细致典雅文气而名播海内外，与天津杨柳青年画并称"南桃北杨"，被列入国家级非物质文化遗产名录。苏扇，轻轻摇曳间，送来清风，也送来诗意。灯彩，在夜晚绽放出绚烂光芒，照亮了人们的欢乐与希望。蟋蟀盆、鸟笼、仿古铜器……每一件都妙趣横生，充满生活智慧。

苏工苏作，以非凡的创造力，将厚文之"道"与精工之"技"完美融合。它们不仅仅是一件件工艺品，更是历史的见证、文化的传承。2014年，苏州成功加入联合国教科文组织全球创意城市网络，成为手工艺与民间艺术之都。

苏州古老迷人如诗如画，章章页页意境隽永韵味超然

韦应物说苏州"俗繁节又暄"。诚然！苏州的民俗时令、传统节气，是苏州如诗如画的城市乐章，是苏州情趣满满、大俗大雅的人间烟火。

当寒冬渐退，春风拂过邓尉山，便是探梅的好时节。漫山遍野的梅花，如粉色的云霞，又如皑皑的白雪。踏入这梅海，花香萦绕，仿佛是大自然赠予的一场芬芳的梦境。情侣们携手漫步其中，花瓣飘落肩头，那一

瞬间，爱情也在这清幽的花香中愈发甜蜜。

每年的农历四月十四，是轧神仙的日子，街头巷尾弥漫着神秘而欢乐的氛围。人们怀着虔诚与期待，在熙攘的人群中穿梭，寻找着那一丝神仙的庇佑。灯火辉煌处，孩童们欢笑，老人们慈祥，每个人的脸上都洋溢着对美好生活的向往。这不仅仅是一场民俗的盛会，更是心与心贴近的温暖时刻。

寒食节的清冷，给苏州增添了一抹别样的宁静。没有烟火的喧嚣，只有对先人的缅怀和敬意。人们精心准备着素馔，在默默祭奠中，传承家族的记忆与血脉的深情。

苏州人过端午，仪式感满满。挂菖蒲、裹粽子、挂钟馗、划龙舟。这一天，苏州的河流热闹非凡。龙舟竞渡，鼓声震天，健儿们齐心协力，挥舞着船桨，溅起的水花在阳光下闪耀如金。岸边屋舍里，女人们灵巧的双手裹出一个个饱满的粽子，糯米的香气混合着艾草的清香，弥漫在整个城市。这是力量与柔情的交织，是对传统的坚守与传承。

苏州人俗称中秋节为"八月半"。除了吃月饼，还有走月亮、烧斗香、斋月宫、虎丘曲会、宝带赏月、石湖串月等民俗活动，月光洒在湖面，桥洞下月影相连，如梦如幻。这一刻，时间仿佛凝固，唯有浪漫在空气中流淌。

在苏州人心中，冬至大如年。磨粉做团子，加上糖肉菜果、豆沙、萝卜丝等馅心，叫作"冬至团"；苏州人家家用来祭祖馈友，俗称"冬至盘"，寓意为团团圆圆。金孟远《吴门新竹枝》："冬阳酒味色香甜，团坐围炉炙小鲜；今夜泥郎须

一醉，笑言冬至大如年。"冬至的前一夜，俗称"冬至夜"，家家户户要吃团圆饭，一家人围坐在一起，共享丰盛的晚餐。热气腾腾的菜肴，温暖的灯光，亲人的笑语，这就是家的味道，是最朴实也最珍贵的幸福。

在苏州，每一个节令都是一场浪漫的约会，每一次庆祝都是对生活的深情告白。苏州人的精致，不仅体现在那精美的园林、细腻的苏绣上，更体现在对这些传统民俗的坚守与传承上。在岁月的长河中，苏州的节令活动宛如璀璨的明珠，串联起了一代又一代人的美好回忆，让这座城市的浪漫与精致永流传。

古韵今风，在苏州从来是与时俱进

古典雅致之美，就像时光之花一样，在古画中绽放；现代时尚之美，就像身边的一道亮丽风景线，可以触摸感知。苏州的生活情调，是现代生活与古典的结合。最关键的是古典和现代，二者一点也不冲突，完美地糅合在一起形成了苏州自己独特的城市气质。

春季里杏花开，雨中采茶忙；

夏日里荷花塘，琵琶叮咚响；

摇起小船，轻弹柔唱；

桥洞里面看月亮。

一曲《苏州好风光》，唱出雨中江南，也唱出如画苏州。

清代宫廷画家徐扬，花费心血绘制的一卷长画《姑苏繁华图》终于完成。《姑苏繁华图》全长十二米多，画面"自灵岩山起，由木渎镇东行，过横山，渡石湖，历上方山，介狮和（何）两山之间，入姑苏郡城，自葑、盘、胥三门出阊门外，转山塘桥，至虎丘山止”。画中有一万两千余人，近四百只船，五十多座桥，二百多家店铺，两千多栋房屋。以长卷形式和散点透视技法，描绘了当时苏州“商贾辐辏，百货骈阗”的市井风情。

清代前期，苏州是全国经济、文化发达的城市，人称“吴阊至枫桥，列市二十里”。东南的财政赋税，姑苏最重；东南的水利，姑苏最为重要；东南的文人名士，姑苏最为显著。山海珍奇，来自四面八方；万里商人，车马集聚于此。康熙皇帝为了了解地方情况，曾六次巡游江南，乾隆皇帝也六下江南，巡察河工，流连山水。

《红楼梦》开卷第一回便以苏州阊门为故事起点，描绘了“当日地陷东南，这东南一隅有处曰姑苏，有城曰阊门者，最是红尘中一二等富贵风流之地”的景象。这部传世名著不仅自带深深的金陵烙印，还与苏州有着不解之缘。苏州人、苏州物产、苏州那些事在书中均有体现。特别的是，“金陵十二钗”中，林黛玉、妙玉都是苏州人，这样的设定不仅丰富了角色的背景，也为读者提供了更多关于苏州文化的想象空间。

当我们漫步在山塘街和平江路这两条国家历史文化名街上，可以感受到古韵悠悠，路上的青石板古意斑驳，诉说着往昔的故事。作为《红楼梦》中的重要场景之一，山塘街不仅承载了贾雨村的人生命运，还安放了世俗的人情人性，成为连接故事与现实的重要纽带。《红楼梦》里对阊门的描摹更是让人心生向往，仿佛能听见那喧闹的市声，看见那熙攘的人群。如今，阊门被保留并修复，成为中国现存最古老的城门之一，见证了《红楼梦》中描绘的苏州风情的历史与文化价值。平江路依水而行，河岸边的垂柳依依，微风拂过，柳枝轻轻摇曳，似在与潺潺的河水低语。街边的店铺错落有致，特色小吃的香气弥漫在空气中。路两侧的古老建筑保存完好，粉墙黛瓦，雕花的门窗透着岁月的沧桑。在这里，时光仿佛倒流，让人沉醉在旧时光的温柔怀抱中。戴望舒的《雨巷》，为苏州的小巷增添了一抹朦胧而诗意的色彩。在细雨纷飞的日子里，走进平江历史街区的丁香巷，或许会期待着邂逅一位如丁香般的姑娘，撑着油纸伞缓缓走来。

漫步在苏州的街头巷尾，耳畔传来江南丝竹的悠扬旋律，二胡的婉转、扬琴的清脆、琵琶的灵动，交织成一曲美妙的乐章。那音符如同灵动的精灵，在空中跳跃、飞舞，让人沉醉其中。苏州玄妙观的道教音乐，宛如从历史深处传来的仙音，承载着西晋以来的岁月沉淀，融合了古代音乐的传统，又吸纳了庙堂音乐的庄严，在江南丝竹、昆曲、吴歌的熏陶下，独成一格，深受大众喜爱。这音乐仿佛是苏州灵魂的低语，诉说着这座城市的古老与神秘。

昆曲，这源自十四世纪苏州昆山的艺术瑰宝，经魏良辅等人的精心雕琢，走向全国。水磨调的婉转细腻，流丽悠长，如同一缕清风，吹拂着人们的心灵。作为中国最古老的剧种之一，昆曲的唱腔具有很强的艺术性，对中国近代的所有戏剧剧种都有着巨大的影响。腔有数样，纷纭不类，各方风气所限，有昆山腔、海盐腔、余姚腔、杭州腔、弋阳腔，唯昆山腔为正声，魏良辅在《南词引正》中专门讲述了昆曲的形成。博采众长，文人精心打磨，让一种水上演出的水傀儡戏，登上艺术殿堂。

清人雷琳等所辑《渔矶漫钞·昆曲》记载："昆有魏良辅者，造《曲律》，世所谓'昆腔'者，自良辅始。而梁伯龙独得其传，著《浣纱》传奇，梨园弟子喜歌之。"驰骋文辞、性格豪放的苏州人梁伯龙，是昆曲历史上

昆曲表演　阙明芬摄

不可或缺的，经他改良后的昆山腔被用于创作《浣纱记》，从而真正使得中州音在舞台上的演唱成为现实。新昆山腔，婉转细腻，一波三折，荡气回肠，被称为"水磨腔"。文学家张大复在《梅花草堂笔谈》中说："梁伯龙闻，起而效之。考订元剧，自翻新调。"梁伯龙自幼生活在阳澄湖畔，受到细腻委婉的江南风物滋养。他的《浣纱记》文辞典丽华美，荡气回肠，无不体现出水磨腔的功力。在他的影响下，涌现出一批专门醉心于文辞典雅的剧作家，被称为"昆山派"。

六百年转瞬而逝，绮丽婉转的吟唱，华美雅致的妆容，犹在浅吟低唱，犹在人间绽放芳华。青春版《牡丹亭》的演出，更是让这古老的艺术在新时代焕发出新的光彩。2001年，昆曲被联合国教科文组织列为"人类口头和非物质遗产代表作",2008年被纳入人类非物质文化遗产代表作名录,与曲径通幽的苏州园林、巧夺天工的苏州刺绣,一同构成了江南文化的精髓,展现了这座城市的精致典雅。

在苏州,无论你身处何处,总能与苏州评弹不期而遇。苏州评话的慷慨激昂,苏州弹词的柔情似水,说唱相间,演绎着人间的悲欢离合。苏州评弹的美,首先归功于它的语言——苏州话。苏州话的语音、语调特别柔软,韵味十足。服装方面,演员穿着长衫或旗袍,具有浓烈民族特色的服装为演出平添了魅力,增强了视觉效果。评弹的美,还在于说表细腻,表演传神,音乐丰富多彩,可谓是雅俗共赏。评弹艺人轻启朱唇,将一个个故事娓娓道来,或悲或喜,或忧或怨,让人沉浸其中,感受着江南的风情万种。如弹词开篇《蝶恋花》《苏州好风光》,后来的《太湖美》《永远的江南》,在全国都有着比较大的影响。2008年,苏州评弹以它独特的魅力入选第一批国家级非物质文化遗产扩展项目名录。

每一处园林,每一段评弹,每一曲丝竹,每一条街巷,都呈现出苏州人对生活的热爱与追求,都是江南文化中最璀璨的篇章。

当我们把目光转向现代,苏州中心、十全街等地则展现出了另一番繁华景象。苏州中心那现代化的建筑高耸入云,玻璃幕墙折射着阳光,充满了时尚与活力。这里汇聚了来自世界各地的品牌,人们穿梭其中,享受着购物与美食带来的愉悦。十全街则是传统与现代的完美融合,既有古色古香的茶馆、书店,又有时尚的酒吧、咖啡馆。

古城旅游商贸的发展,为苏州打造了一个个消费新场景,激发这座古城的活力。仓街相门商业生活街区地处古城护城河旁,西起仓街,东至护城河,南到干将路,北接白塔东路。南北长1.1千米,东西宽0.3千米。近年来，姑苏区对仓街开展保护更新，通过建筑立面美化、小游园打造等微改造方式，构建苏式生活体验街区。青砖小瓦、木门、木窗，让这条方石小街再现记忆里的生活气息，街区焕发出全新的活力。

在这些地方，既能感受到传统文化的深厚底蕴，又能体验到现代生活的便捷与舒适。夜晚的苏州，灯火辉煌，霓虹闪烁。古老的建筑在灯光的映照下，展现出别样的风姿；现代的商场里，人流如织，热闹非凡。竹辉环宇荟围绕"年轻、品质、时尚、社交"等关键词，为年轻人打造苏州首家以中高端餐饮、苏式文化设计、沉浸式娱乐、艺术策展空间为一体的特色开放式滨水商业街区。

精细雅致、古韵今风，是外界给予苏式生活的定义，而如今，这种"有腔调"的生活，在传统文化和当代艺术的嫁接中，渐渐走进了更多寻常百姓家，成为大多数人的生活美学，从而形成了新苏式生活。较之于传统苏式生活，新苏式生活以共享和舒心为内核，既是对小巷美食、枕河文化、小酌休闲为特色的传统苏式生活的传承和弘扬，也是对新时代苏州经济社会、文化产业、城市能级发展成果的共享，更是"以人民为中心"发展理念的生动实践。

在苏州，无论是在古老的街巷中寻觅历史的痕迹，还是在现代化的商业中心感受时代的脉搏，苏州的生活情调都让人陶醉其中，流连忘返。这里，是心灵的栖息地，是梦想的起航地，每一个来到苏州的人，都能从中找到属于自己的那份美好与宁静。

世界遗产
典范城市

习近平总书记指出："历史文化是城市的灵魂，要像爱惜自己的生命一样保护好城市历史文化遗产。"苏州是中国首批24座国家历史文化名城之一，对历史文化遗产的保护工作一直走在全国乃至世界前列。

2018年11月1日，苏州因其文化遗产数量众多且个性鲜明、璀璨夺目而被世界遗产城市组织授予全球首个也是唯一的"世界遗产典范城市"称号。

1996年以来，苏州市委、市政府先后出台了《苏州市园林保护和管理条例》《苏州市昆曲保护条例》《苏州市非物质文化遗产保护条例》《苏州国家历史文化名城保护条例》《苏州市古城墙保护条例》《苏州市江南水乡古镇保护办法》等规章制度，并不断加快专项立法步伐，使文化遗产保护有法可依。世界遗产中心主任巴达兰曾说："苏州对世界遗产的保护为其他国家和地区树立了典范。"

早在1997年，苏州就有4个古典园林被列入世界文化遗产。2004年第28届世界遗产大会在苏州成功召开，苏州在开幕式上宣布从2005年起，每年的6月28日为"文化遗产保护日"。在全市上下对历史文化遗产保护的持续推进中，苏州历史文化遗产的发展和传承取得丰硕成果。

如今，苏州已是一座同时拥有世界级物质文化遗产和非物质文化遗产的"双遗产"城市。截至2022年，苏州市累计入选世界级物质文化遗产的项目有古典园林（拙政园、留园、网师园、环秀山庄、沧浪亭、狮子林、耦园、艺圃、退思园9座）和中国大运河苏州段（由运河故道和7个点段组成）两项，以及世界记忆遗产一项（近现代中国苏州丝绸样本档案）；世界级非物质文化遗产有中国昆曲、中国古琴、宋锦、缂丝、苏州端午习俗、苏州香山帮传统建筑营造技艺、碧螺春制作技艺等7项。这方面在全国城市中名列前茅。保护文化遗产已成为每个苏州人的自觉行动。

中国申报的"春节——中国人庆祝传统新年的社会实践"2024年12月4日在于巴拉圭亚松森举行的联合国教科文组织保护非物质文化遗产政府间委员会第19届常会上通过评审，被列入联合国教科文组织人类非物质文化遗产代表作名录。至此，我国共有44个项目列入联合国教科文组织非物质文化遗产名录、名册，总数居世界第一。苏州的桃花坞木版年画亦包含其中。

桃花坞木版年画作为中国传统民间美术的重要组成部分，与春节这一传统节日有着深厚的文化联系。它是苏州市的民间传统美术，也是国家级非物质文化遗产之一。它源于宋代的雕版印刷工艺，由绣像图演变而来，到明代发展成为民间艺术流派，清代雍正、乾隆年间更是达到了鼎盛时期。

一团和气
日本私藏

一团和气
苏州桃花坞木版年画博物馆藏

桃花坞木版年画

桃花坞木版年画以头宽的人物为主，色彩以红、蓝、绿、紫、淡墨等色为基对比鲜明，欢乐明快，富南地区精细秀雅的民间艺格。年画的内容广泛，涵盖祥喜庆、民俗生活、戏文花鸟蔬果和驱鬼避邪等中间传统审美内容。

苏州入选世界级物质文化遗产名录项目

苏州古典园林

1997年12月4日，在意大利那不勒斯召开的联合国教科文组织世界文化遗产委员会21届理事国全体委员会议上，表决通过了苏州的拙政园、留园、网师园、环秀山庄等4个古典园林列入《世界遗产名录》的议程。2000年扩充沧浪亭、狮子林、耦园、艺圃、退思园等，数目增加至9个。这表明苏州古典园林申报世界文化遗产圆满成功。从此，苏州古典园林将作为全人类一笔宝贵的财富，放射出更加旖旎的光彩。

苏州古典园林是中国园林艺术的杰出代表，是我国古代文化遗产中的珍品。其历史之久、数量之多、艺术之精，为世界上其他任何地区所少见。拙政园等9座苏州古典园林的典型例证，以其艺术、自然与哲理的完美结合，成为人与自然和谐共生的典范。

大运河苏州段

2014年6月22日，在卡塔尔多哈召开的联合国教科文组织第38届世界遗产委员会会议上，中国大运河被列入《世界遗产名录》，成为中国第32项世界文化遗产，大运河苏州段随之被列入《世界遗产名录》。

与多数文化遗产不同，大运河是流动的、活态的。它串联起沿线的一座座城市，是传承历史的文脉，也润泽着当地百姓的生活。2017年，习近平总书记对建设大运河文化带作出重要指示：大运河是祖先留给我们的宝贵遗产，是流动的文化，要统筹保护好、传承好、利用好。

大运河苏州段遗产范围北起京杭运河与山塘河交汇处，南至京杭运河与太浦河交汇处，遗产区面积642公顷，缓冲区面积675公顷。大运河苏州段遗产由河道和7个遗产点组成，河道包括城区故道（山塘河、上塘河、胥江、环古城河）和现京杭大运河苏州段等河道，遗产点包括盘门、宝带桥、吴江古纤道3个运河水工遗存和山塘历史文化街区、虎丘云岩寺塔、平江历史文化街区、全晋会馆4个运河相关遗产，形成了以古城为核心的完整遗产体系。苏州作为中国大运河重要的文化古城，是运河沿线唯一以古城概念申遗的城市。

盘门。苏州古城八城门之一，位于古城西南部。盘门是在大运河之上的一座水陆城门，是从大运河进入苏州的一道关口。盘门有三景：一是雄踞于西南的城门盘门。盘门始建于春秋吴国阖闾元年（前514），当初亦称蟠门，传曾"刻林木作蟠龙"以镇越国的王气。后因此处的河水萦回交错，改称盘门。二是横跨大运河的吴门桥。始建于北宋，今桥为清同治十一年（1872）重建。因处于水陆要冲，有吴中门户之意，乃为桥名。三是临流照影的瑞光寺塔。瑞光塔始建于东吴赤乌十年（247），初建为十三层。

今塔系北宋景德元年（1004）至天圣八年（1030）所建遗存，淳熙十三年（1186），改建为七层，为八面七层，砖木结构。其木构部分为宋、明、清历次重修的。塔身由下至上逐层收缩，轮廓微成曲线，体制古朴，保存了唐宋多层塔的风格和结构特点。1988年1月13日，瑞光塔被国务院公布为第三批全国重点文物保护单位。大运河之畔，日夜光影流转，站在塔顶，能将苏式的江南景致收入眼底。

宝带桥。中华古代桥梁建筑的杰作，位于苏州市东南7.5千米处，横卧于大运河和澹台湖之间的玳玳河上，被称为苏州第一桥。相传宝带桥

魅力运河 孔繁立摄

名字来源于唐代刺史王仲舒，他为筹建此桥，变卖束身宝带，当地士绅为此举所感动，纷纷解囊捐赠，兴工建桥。为了纪念王仲舒的义举，人们将此桥命名为宝带桥。现在的宝带桥是明朝正统年间重建的，桥的南北两端原来各有一对石狮子。宝带桥桥身之长，桥孔之多，结构之精巧，为中外建桥史上所罕见，被列为江苏省一级文物保护单位。这座桥如"长虹卧波，鳌背连云"，为大运河风景增添了恢宏之色。

吴江古纤道。始筑于唐元和五年（810），旧称"九里石塘"，古纤道上曾有9座三至七孔石桥，如今剩下3座，从北至南依次为北七星桥、三山桥、南七星桥。

山塘历史文化街区。山塘街位于苏州古城西北，东至红尘中"一二等富贵风流之地"的阊门，西至"吴中第一名胜"虎丘，全长约3600米，被誉为"姑苏第一名街"。唐代诗人白居易于宝历元年（825）任苏州刺史时，发起开通自阊门至虎丘的水道，并修筑七里长堤，后人称之为"白公堤"。据《长洲县志》载，自阊门至虎丘计七里，称七里山塘，有俗语"七里山塘到虎丘"。明长洲县令韩原善重修后，又称"韩公塘"。当时所立《重修白公堤记》石幢现存五人墓畔。后白公堤人烟渐稠，便名"山塘街"，旧时为苏州至虎丘要道。2010年，山塘街获评中国文化遗产保护典范单位、中国历史文化名街；2015年，山塘街被住建部、文物局评为首批中国历史文化街区。

虎丘云岩寺塔。虎丘位于苏州城西北郊。相传春秋时吴王夫差葬其父阖闾于此，葬后3日，便有白虎踞其上，故名"虎丘山"，简称"虎

〔清〕《南巡盛典》所绘虎丘图

丘"。虎丘塔,是驰名中外的宋代古塔。始建于隋文帝仁寿元年(601),初建成木塔,后毁。现存的虎丘塔建于后周显德六年(959),落成于北宋建隆二年(961)。1956年,苏州市政府邀请古建筑专家采用铁箍灌浆办法,将其进行加固修整。1961年被列为全国重点文物保护单位。

平江历史文化街区。位于苏州古城东北隅,东起外城河,西临临顿路,南起干将东路,北至白塔东路。距今已有2500多年的历史,纵横其间的街巷有20余条,尚存的桥梁中绝大部分还沿用的是历史上的老名字,是苏州迄今保存最完整、最典型、规模最大的历史文化街区,堪称苏州古城的缩影。今天的平江历史文化街区整体布局与宋代《平江图》基本一致,仍然基本保持着"水陆并行、河街相邻"的双棋盘格局以及小桥流水、粉墙黛瓦和幽深古巷的江南水城独特风貌。区内积淀了极为丰富的历史遗存和人文景观,其中有世界文化遗产耦园(亚太世界遗产培训与研究中心设在该园内)、人类口述和非物质文化遗产代表作昆曲展示区中国昆曲博物馆、省市级文物古迹100多处,城墙、河道、桥梁、街巷、民居、园林、会馆、寺观、古井、古树、牌坊等古代城市景观风貌基本保持原样。历史上,许多文人雅士、达官贵人曾生活于此,至今,区域内的居民还保持着传统的生活方式。在1986年国务院批准的苏州市城市总体规划中,平江历史街区就被列为绝对保护区。2009年,平江路被评为全国第一批历史文化名街,是中国十大历史文化名街之一。

全晋会馆。位于平江历史文化街区内。始建于清朝乾隆三十年(1765),系清末山西旅苏客商集资兴建,占地面积约6000平方米,分中、东、西三路建筑。中路建筑是会馆的主体,有门厅、鼓楼、戏台和大殿,西路建筑庄重朴实,筑有两厅一庵。1986年10月,全晋会馆作为苏州戏曲博物馆正式对外开放，辟有昆剧、评弹、苏剧、民族乐器等专题陈列，还有古典戏台和清式茶园书场两处复原式陈列兼演出场所。2003年11月，中国昆曲博物馆正式在全晋会馆挂牌成立。2006年5月25日，全晋会馆被国务院公布为第六批全国重点文物保护单位。

江南水乡平野阔，河道两旁常常有一些供拉纤人走的路，叫"纤道"。如今，大运河江南段400千米长的河道两侧，保存下来的古纤道只剩吴江的一段。这条3米多宽，既是纤道又是驿道的元朝遗存，与大运河构成水陆并用的交通要道。吴江古纤道与宝带桥一起，属于大运河堤岸的一部分，成为江南大运河古朴的名片。

苏州入选《世界记忆名录》项目

2017年10月30日，联合国教科文组织《世界记忆名录》候选项目公布，其中近现代苏州丝绸样本档案入选。

近现代苏州丝绸样本档案曾于2015年入选第四批《中国档案文献遗产名录》，2016年成功入选《世界记忆亚太地区名录》。该档案文献是19世纪到20世纪末，苏州众多丝绸企业、组织在技术研发、生产管理、营销贸易、对外交流过程中直接形成的，由纸质文字、图案、图表和丝绸样本实物等不同形式组成的、具有保存价值的原始记录，共2.9万余卷，302841件，内容包含了丝绸14大类织花和印花样本。其花形花色、原料构成、加工流程和工艺参数等织造和印染生产工艺反映了近现代中国丝绸产品工艺技术演变概貌，是现今我国乃至世界上保存数量最多、内容最完整也最系统的丝绸样本档案。

这批档案既有晚清时期苏州织造署使用过的丝绸花本，民国时期的风景古香缎、真丝交织织锦缎、细纹云林锦等，又有列入中国非物质文化遗产名录和人类非物质文化遗产代表作名录的宋锦，列入江苏省级非物质文化遗产名录的纱罗、四经绞罗、漳缎及其祖本，还有荣获国家金质奖章的、代表国内当时丝绸业内最顶尖工艺的织锦缎、古香缎、修花缎、涤花绡、真丝印花层云缎、真丝印花斜纹绸等。

它既是100多年苏州丝绸产业工艺技术和历史的珍贵记录，又见证了中国现代工业成长和一个多世纪的东西方商贸交流；也从侧面折射出近现代中国各阶段的丝绸文化与社会政治经济、人民生活之间的密切关系，以及审美观、价值观对丝绸的影响；所包含的历史、人文、经济价值等无法估量。

苏州入选人类非物质文化遗产代表作名录项目

昆曲。2001年，苏州市传统剧种昆曲被联合国教科文组织列入人类口述和非物质遗产代表作。昆曲是第一批人类非物质文化遗产代表作，也是第一批国家级非物质文化遗产名录项目。

昆剧已有600多年的历史，是世界三大古典戏剧之一。由昆剧奠基的中国戏曲表演体系与俄国斯坦尼斯拉夫斯基体系、德国布莱希特体系，统称为"世界三大表演艺术体系"。因而，中国昆剧艺术是人类艺术大家庭中的重要组成部分。

元末明初，昆山千灯顾坚"擅发南曲之奥"推动了昆山腔的流播。明代嘉靖年间，以太仓魏良辅为首的曲家群落对南曲进行了大规模的改革，以"苏州—中州音"（即苏州官话）为选定的舞台语音，引进了北曲和先进的北曲乐理以及传统的声韵学说，改良了昆山腔。因其婉转流丽，又被别称为"水磨腔"。明代嘉靖末至隆庆初，昆山剧作家梁辰鱼依照昆曲音律填写了《浣纱记》传奇，把限于清唱的昆曲运用于舞台表演艺术。《浣纱记》的成功，标志了一个新的剧种——昆剧的诞生。随着职业戏班的流动，昆剧沿着大运河北上南下，沿着长江西进东扩。明代万历末年，昆剧已进入北京。同时，也借机在全国各地落户，远至东北、云贵，很快成为全国性的大剧种。明末清初，昆剧名家辈出，杰作如林，开始了两个多世纪的昌盛。

清代乾隆以后昆曲逐渐走向衰落，昆曲只在民间曲社中一息尚存。1921年成立的昆剧传习所起到了重要的传承作用。随着昆曲成为人类非物质文化遗产代表作，昆剧得到了迅速复苏。

古琴。2003年，中国古琴被联合国教科文组织列入第二批人类口述和非物质遗产代表作。

古琴艺术扩展——虞山琴派这一艺术，主要流传于常熟周边包括苏州各县区。自明末清初严天池创立虞山琴派以来，400年来盛传不衰，影响深远，被后人誉为"古音正宗"。之后，徐青山、吴景略等虞山派古琴大师为古琴艺术的发展做出了杰出贡献。自明至清，虞山琴派主要琴谱有十几种，成为中国第一个有代表人物、代表琴谱，还有理论纲领和地域特色的琴派。虞山琴派的琴风及其杰出的理论建树，对明末及清一代的琴家、琴派、琴谱风格及琴乐美学思想等方面，均产生了极其深远的影响。

虞山琴派，追求气韵生动，探索琴乐的精神本质，融合了儒家的"中和之音"和道家的"大音希声"音乐观，使动态美与静态美交相辉映，形成了"博大和平，清微淡远"的琴风。之后，虞山吴派不仅深得虞山派精髓，还融合了江南民间音乐的基础和海派文化华丽多姿的特点，结合南方特有的抒情清润、柔婉和流丽的特点，以及北方雄奇、豪宕与宏廓的特点，从而孕育出一种飞腾绮丽、气象辉雄的古琴艺术风格。

1984年，虞山琴社恢复活动。2004年，常熟市被江苏省文化厅命名为"古琴之乡"，同年被国际民间艺术组织亚太分会命名为"古琴之乡"。2005年，常熟市人民政府在明代著名藏书楼脉望馆建立了虞山派古琴艺术馆。目前，已形成包括虞山派古琴艺术馆、虞山琴派艺术工作室、虞山琴社、虞山少儿古琴社等完整的组织机构及立体教育体系。

2009年9月30日，联合国教科文组织保护非物质文化遗产政府间委员会第四次会议审议并批准包括中国22个项目在内的76个项目列入人类非物质文化遗产代表作名录。其中与苏州有关的有3个，涉及4个项目：端午节（苏州端午习俗）、中国传统桑蚕丝织技艺（苏州的宋锦、缂丝）和中国传统木结构营造技艺（苏州的香山帮传统建筑营造技艺）。

端午节。中国重要的传统民俗节日之一。苏州的端午活动，历史悠久、全民参与、久盛不衰，内容极为丰富，集中展示了苏州地区非常有特色的民俗传统和历史文化传承。

苏州端午节的渊源最早可追溯到春秋时期的吴国名将伍子胥。后随着社会经济文化的发展，以纪念伍子胥为始的端午节逐渐演化成了苏州一年一度较为盛大的市民狂欢节，形成了一整套与当地的自然气候条件、日常生产生活、经济特征、文化发展相对应的端午民俗活动。这些活动归纳起来可以分为四大类。第一类习俗是围绕龙舟表演的大型市民活动；第二类习俗则表现了苏州人适应自然、改善生活的智慧，如采草药、挂艾叶、挂菖蒲等；第三类习俗则展现了苏州悠远的丝织文化和特有的服饰文化，如戴百索等；第四类习俗传承了苏州的饮食传统和文化，如包粽子、吃端午饭等。

苏州端午节文化的传承对现代社会的发展依然有着十分重要的现实意义和借鉴价值。挖掘、整理和保护苏州端午节习俗对研究吴地的经济发展、文化特征、地域性格特质及强化文化认同感都有着极为重要的意义，更重要的是苏州端午节是一个以人为本的传统民俗节日，蕴含着中国古人"天人合一"的思想，凝聚着苏州人与自然和谐相处的生活智慧以及追求祥和、安定、健康的社会生活的文化精神。

宋锦。系宋代发展起来的织锦，因主要产地在苏州，故谓"苏州宋锦"。苏州是我国著名的丝绸古城，为锦绣之乡、绫罗之地，唐宋时成为国内丝绸生产中心。明代时，苏州太仓浏家港即为郑和七下西洋海上丝绸之路的起点之一。明清时期，苏州又有著名的苏州织造府，其宫廷织造和民间丝织产销两旺，素有"东北半城，万户机声"之称。

苏州宋锦的渊源可追溯至春秋时，地处江南的吴国贵族已经在生活中大量使用织锦。历经各时代的发展，织锦工艺在北宋时期得到了全面的提高。南宋时，苏州成立了作院。这时在苏州织锦中，出现了一种质地精美、工艺独特的新品种，即苏州宋锦，除用于袍服衣着等服饰外，还大量用于书画卷轴类工艺装裱，品种共有40多种。特别是装裱书画的应用，使这些美丽华贵的织锦与书画珍品一起得以保存。

明清时宋锦织物使用范围扩大，特别是在康熙、乾隆年间。故宫博物院收藏的《极乐世界织成锦图》轴就是乾隆时期苏州生产的重锦，堪称稀世珍宝。后受太平天国战争影响，宋锦业蒙受重大打击，至同治、光绪年间复业，当时苏州城区尚有织锦机约300台。清末民初时又因军阀混战，宋锦业逐步萎缩，后因抗日战争的影响，宋锦业更是陷入了长期低迷状态。新中国成立后，人民政府对传统手工织锦业进行改造，并在1979年组建苏州织锦厂。

苏州生产的宋锦，织工精细，艺术格调高雅，具有宋代以来的传统风格特色，与元明时期流行的光泽艳丽的织金锦、妆花缎等品种有着明显的区别，是一种以经线和彩纬同时显花的织锦，既继承了秦汉经锦的技艺，又继承了唐代纬锦的风格，集两者特色于一身。宋锦的类别，根据织物的结构、工艺的精粗、用料的优劣、织物的厚薄以及使用性能等，分为重锦、细锦、匣锦和小锦四类。传统宋锦的生产制作，工序很多，从缫丝染色到织成产品前后要经过20多道工序。

宋锦的基本特点是采用了经线和纬线联合显花的组织结构，应用了彩抛换色之独特工艺，使织物表面色线和组织

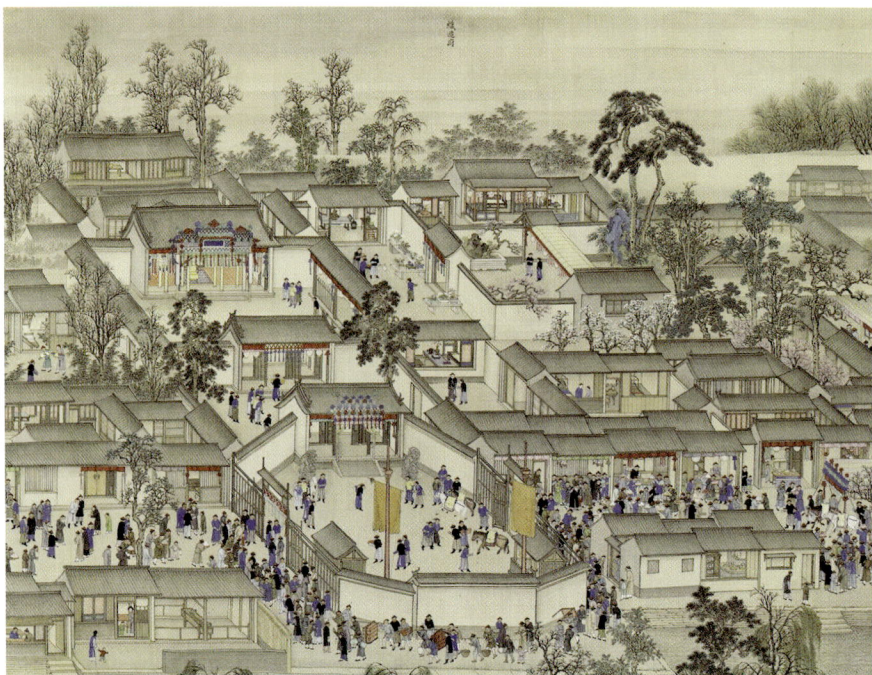

〔清〕王翚 《康熙南巡图》苏州织造府

层次更为丰富。这一工艺特征被后来的云锦所吸收，而且一直流传下来，在艺术风格上，以变化几何形为骨架，内填自然花卉、吉祥如意纹等，配以地色和谐，主花略加对比的色彩，使之艳而不俗，古朴高雅。基于宋锦具有上述诸特点，自宋代起，它便取代了秦汉时期的经锦、隋唐时期的纬锦，在宋、元、明、清时期蓬勃发展。可见宋锦有其杰出的历史价值，不仅是中国丝绸传统技艺杰出的代表作，更是苏州这座丝绸古城特有的优秀丝绸传统文化。在科学和艺术价值上体现为，织物结构上的突破、工艺技术上的变革、艺术风格上的创新、生产技艺上的高超等，都充分显示了它独特的优越性和杰出性。

对宋锦的挖掘研究和保护，目的是继承与创新，将宋锦优秀的技艺、独特的风格、厚薄适中的多彩结构，结合现代文明和社会需求，应用到现代生活中，如制作高档服饰品、室内和厅堂各类陈设品以及书画锦匣的装裱、装潢等。

缂丝。缂丝技艺自明代始，在苏州市区及周边的蠡口、陆慕、黄桥、光福、东渚等地广为流传，已成为苏州地区最具代表性的非物质文化遗产之一。缂丝织物有着色彩丰富、色阶齐备、图案花纹不分正反面的特色。在图案轮廓、色阶变换等处，织物表面像用小刀划刻过一样，呈现出小空或断痕，因此得名"缂（刻）丝"。

一台古老的木机、若干竹制的梭子、拨子等简单工具就能将五彩蚕丝线以"通经断纬"的独特技艺缂织成一幅书画艺术织物，内蕴吴文化清丽、温婉的地域风格。

苏州缂丝业南宋时成就辉煌，对后世缂丝技艺的发展影响深远；明代则以宫廷御用缂丝龙袍及缂丝书画中的开相缂丝织品著称；清代出现了缂、绘结合的新技艺。20世纪60年代，以复制南宋的缂丝名作为起点，艺人们恢复了百年来已告濒危的缂丝技艺。至七八十年代，苏州先后成立了5家缂丝工厂，缂丝技艺空前发展。《双蝶·牡丹·山茶》和《寿星图》在传统缂丝基础上，作为双面全异的缂丝新品，被列为国宝级珍品，收藏在中国工艺美术馆内。

缂丝作为最早用于艺术欣赏的丝织物，素以制作精良、古朴典雅、艳中且秀的艺术特点，被誉为"织中之圣"。同时由于经得起摸、擦、揉、搓、洗，又获得了"千年不坏艺术织品"之称，被公认为是中国最具代表性的特种传统工艺美术品之一。缂丝作品具有很高的观赏价值，历代精品蕴含着丰富的文化信息，具有多样的文献研究价值，其技艺充分体现了民间传统文化的传承价值。

苏州缂丝技艺作为非物质文化遗产的代表作，凝结了诸多艺术元素，与苏绣、宋锦等姐妹艺术相辅相成，相互借鉴、启迪、发展，丰富了人们的物质与精神生活，推动了苏州工艺美术的繁荣，展示了内蕴深厚的苏州吴文化。

香山帮传统建筑营造技艺。一个历史悠久、传承了2500多年的建筑流派，起源于太湖之滨的苏州香山。诞生于此地的香山帮以木匠领衔，是一个集木匠、泥水匠、漆匠、堆灰匠、雕塑匠、叠山匠、彩绘匠等古典建筑中全部工种于一体的建筑工匠群体。

香山帮起源于春秋战国时期，形成于汉晋，发展于唐宋，兴盛于明清，衰落于民国。近几年来，虽然有些生机，但仍未摆脱濒危的困境。

历史上香山帮出了不少名流大师，最有盛名的当数蒯祥和姚承祖两人。

蒯祥主持明皇宫三大殿、天安门和王府六部衙署的营造，发明创造了"金刚腿"。他被宪宗皇帝尊称为"蒯鲁班"，由此可见他对中国建筑的贡献之大、之多了。

姚承祖是继蒯祥之后的又一名香山帮建筑大师。现存的怡园里的藕香榭、灵岩山寺的大雄宝殿、香雪海的梅花亭都是他的作品。而他最大的成就和贡献，是一部记述香山帮传统做法的专著——《营造法原》。这本书被誉为中国苏派建筑的宝典。

苏州香山帮匠人，用超群的建筑技艺，在中华建筑史上写下了光辉的篇章。

碧螺春制作技艺。2022年11月29日，联合国教科文组织保护非物质文化遗产政府间委员会第17届常会在摩洛哥拉巴特通过决定，将中国政府申报的遗产项目"中国传统制茶技艺及其相关习俗"列入人类非物质文化遗产代表作名录。这是中国第43个人类非物质文化遗产代表作项目。

"中国传统制茶技艺及其相关习俗"是有关茶园管理、茶叶采摘、茶的手工制作，以及茶的饮用和分享的知识、技艺和实践。该项目包括44个子项目，涉及15个省（自治区、直辖市）。苏州市吴中区的碧螺春制作技艺作为绿茶制作技艺的代表入选。

据记载，苏州种茶始于两晋南北朝。唐代陆羽《茶经》有茶叶出自"长洲县洞庭山"的记述。北宋时期又有"洞庭出美茶，旧入为贡"的记载。洞庭茶俗称"吓煞人香"。清康熙三十八年（1699）四月，康熙皇帝南巡，经苏州东山，江苏巡抚以洞庭"吓煞人香"茶进献，康熙皇帝饮后大加赞赏，但觉其名太俗，因其茶"清汤碧绿，外形如螺，采制早春"而将其赐名为"碧螺春"。自此，碧螺春茶每年进贡朝廷，名扬天下。

苏州洞庭东、西山地处亚热带季风气候区，受太湖小气候调节，四季分明，温暖湿润，日照充足，气候宜人，花果飘香，使碧螺春尽享天地之独厚。传统的碧螺春采制技艺分为采摘、拣剔、摊放、高温杀青、揉捻整形、搓团显毫、文火干燥等7道工序，充分体现了传统制作技艺的独到之处。

因"摘得早、采得嫩、拣得净"和"手不离茶，茶不离锅，揉中带炒，炒揉结合，连续操作，起锅即成"，使碧螺春更为茶之精品。其成茶后的品质特点是：外形条索纤细，成螺形卷曲，披满茸毫，色泽银绿隐碧，香气浓郁，滋味鲜醇甘厚；集形美、色艳、香浓和味醇"四绝"于一身。当地人称："铜丝条，螺旋形，浑身毛，一嫩三鲜自古少"。碧螺春被誉为"四绝"盖世的"天下第一茶"。

洞庭两山圖

〔清〕《古今图书集成·方舆汇编·洞庭两山图》

苏州历史悠久、底蕴深厚，除了上述入选联合国教科文组织人类文化遗产名录的项目外，在2005—2008年的全国非遗普查中，苏州共调查收集到非物质文化遗产项目2900多项。截至目前，苏州还分别有33个国家级、165个省级、172个市级非物质文化遗产项目，对应命名了600多名非物质文化遗产项目代表性传承人，总数在全国遥遥领先。

苏州的这些非物质文化遗产涵盖传统文学、戏剧、曲艺、美术、技艺、医药、民俗等类别，涉及苏绣、玉雕、明式家具制作、陶瓷制作、金银细工、古琴斫制、百宝镶嵌、手工眼镜制作、吴门医派、花会、文人雅集、地方习俗、缂丝、纹织、中式传统服饰等等。苏州文化遗产的最大特点就是精致、秀美，充分反映了苏州人对美好生活的向往、对生活品质的追求。

琳琅满目的精工绝艺凝结着先民特有的哲学智慧与精神力量，也给今天的文化创新创造提供了强大动力和广阔空间。这种以人为本、天人合一、追求卓越、精益求精的个性意境衍化为苏州人的一种生活状态、一种人文精神，在苏州经济发展、社会进步、城乡建设中一再被汲取、被应用。这些文化遗产不仅是中华文明的瑰宝，更有着跨越时空、超越国度、富有永恒魅力、具有当代价值的文化精神和传播能力，更容易成为人类命运共同体的情感纽带，是不可多得的"文明使者""文化名片"。

　　近年来，苏州对文化遗产实施"整体保护""活态保护"，创新推动了一批文化遗产走出去。在法国、新加坡等19个国家和地区建了29座园林项目；在上海国家会展中心开设"苏作馆"，集中展示苏工苏作的艺术精品，在进博会舞台上向世界打开了一扇中华文化之窗；同时，还赴海外举办"唐诗的回响：iSING! Suzhou"和费城交响乐团中国新年音乐会，用昆曲创新演绎经典唐诗名篇。通过这些文化遗产的创新推广，讲好苏州的中国故事，助推中华文化的国际互鉴与传播。

苏州园林
甲天下

"苏州园林甲天下"，是一句赞美，抑或是一句广告，但其实质，则是一句究古今中外天下园林之大识大悟。苏州园林历史之久远、哲理之奥妙、意境之深远，包括品位之高、修为之深，乃至色声香味触法的移步换景和神思遐想，还真就非一个"甲"字无以当得！

　　古韵悠悠，踏入园林，仿佛穿越时空。粉墙黛瓦的建筑错落有致，曲径通幽处，亭台楼阁、轩榭廊坊尽显古朴典雅；雕花门窗、假山池沼，每一处细节都流淌着千年的历史韵味。今风熠熠，现代元素巧妙融入，灯光照亮园林的夜，如梦如幻。文化活动精彩纷呈，传统艺术与现代时尚在此碰撞融合。它是城市灵魂的象征，承载着历史记忆与人文精神，是苏州人心灵的归所。在这里，自然与人文和谐共生，宁静与繁华相得益彰。

　　让我们一同走进苏州这座古朴与现代交织的城市，走进这座城市最深处的心灵——园林，聆听这古韵今风与城市灵魂的交响。感受它的独特魅力，让身心沉浸在这无与伦比的美景中，来品读感悟苏州园林能在岁月长河中历久弥新的原因。

非遗成员之苏州古典园林

　　联合国教科文组织对苏州古典园林高度评价："没有哪些园林比历史名城苏州的园林更能体现出中国古典园林设计的理想品质，咫尺之内再造乾坤。苏州园林被公认是实现这一设计思想的典范。这些建造于11—19世纪的园林，以其精雕细刻的设计，折射出中国文化中取法自然而又超越自然的深邃意境。"

　　如果说苏州是镶嵌在江南水乡的一颗璀璨明珠，那么苏州园林便是这颗明珠上的闪耀光辉。苏州园林作为中华民族优秀的文化遗产,是苏州历史文化最具代表性的经典,是苏州城市核心竞争力的重要载体和文化品牌,也是代表中国文化走向世界的一张熠熠生辉的人文名片。苏州园林历史之悠久、艺术之精湛、影响之深远,代表了中国造园艺术的最高成就,在中国乃至世界园林发展史上具有不可替代的地位。

苏州园林之所以历经历史沧桑演变,依然熠熠生辉,魅力不减,始终得到中国人民心中深深的民族认同,是因为它承载着深厚的文化底蕴和独特的艺术价值,与历史背景、文化内涵、艺术特色紧密相连,并与美学、诗歌、古典文学有着不解之缘。

苏州古典园林被列为世界遗产的"五条标准"

联合国教科文组织将苏州古典园林列入《世界遗产名录》时有五条标准:

标准一:苏州古典园林运用中国传统造园手法,创造出独特的写意山水园林艺术体系,蕴含着中国传统文化内涵,其美学成就构成中国古代创造性的造园杰作。

标准二:自诞生至其巅峰时期的2000余年内,苏州古典园林形成独特的造园艺术体系,其规划、设计、施工技术、艺术效果,对中国乃至世界园林发展产生了重大影响。

标准三:苏州古典园林反映了已消失的中国古代文人士大夫所追求的与自然和谐的隐逸文化传统,是至今仍保留的中国古代文人士大夫文化传统和文明形态的典型实例。

标准四:苏州古典园林是中国江南地区11—19世纪最具特色的文化范

例，其蕴含的哲学、文学、艺术和传承的建筑、园艺及各类手工技艺，代表了该地区社会文化和科学技术的发展成就。

标准五：苏州古典园林宅园一体的布局形式，表现了中国传统居所与自然环境完美结合的生存形态，反映了中国古代江南地区的生活、礼仪、习俗，是了解和研究古代中国江南地区居住文明的实物资料和中国古代人类居住地的杰出范例。

苏州园林"经久不败"的价值密码

其一，苏州园林有独具中国特色的设计理念价值。苏州园林滥觞于春秋，发展于晋唐五代，繁荣于两宋，全盛于明清，与建城2500余年的苏州古城基本同步产生。园林不仅是贵族文人休闲娱乐的场所，更是他们精神寄托与文化追求的象征。苏州园林的设计理念源于中国古代哲学思想，深受儒家"天人合一"思想影响，追求人与自然和谐共生的理想境界，体现了"虽由人作，宛自天开"的艺术追求。同时，道教与佛教的哲学思想也在园林布局、景物设置中留下深刻印记，如留园的"小蓬莱"，便是借道教仙境之名，营造超凡脱俗的意境。

苏州园林也与诗歌、古典文学有着千丝万缕的联系。许多园林的命名、匾额楹联都直接来源于古典诗词，如拙政园的"远香堂"取自周敦颐《爱莲说》中的"香远益清，亭亭净植"之句，留园的"曲溪楼"则让人联想到文人墨客对曲水流

拙政园

中国四大名园之一，自明朝……年（1513）王献臣始建，……在历史长河中经历了多……和变迁。建园仅一年后，……便去世，拙政园开始了……折的流转历程。从王锡……赌成性将园子输给徐少……徐家家道中落又将园子……再到钱牧斋和柳如是因生……将园子卖给陈之遴，拙……主人不断更迭。

拙政园　王喜川 摄

觞的雅集的向往。园林不仅是物质空间的营造，更是文学想象的物化，游人漫步其间，如同穿梭于古人的诗词意境之中，体验着"诗意的栖居"。这种将园林视为"凝固的诗"的观念，正是苏州园林独特魅力的所在。

除了沉淀的文学内涵，苏州园林还蕴藏着极致的美学追求。苏州园林的艺术特色，在于其精妙的空间布局、丰富的景观层次以及细腻的情感表达。苏州园林通过借景、对景、分景等手法，创造出无限延展的视觉效果，使有限的空间仿佛蕴含无限天地。这种空间处理方式，正是中国古典园林"意境美"的核心体现，这与宗白华先生在《美学散步》中探讨的"中国艺术意境之诞生"不谋而合。园林中的每一石、每一水、每一木，都经过精心挑选与布置，旨在引发游人的情感共鸣，实现"情景交融"的美学效果。

其二，苏州园林根植于江南水乡文化，在展示江南水乡的自然景观的同时，也多维度、大视角地展示了江南民俗文化的价值。园内的一砖一瓦、一草一木都蕴含着丰富的文化内涵，反映了江南水乡的独特风情和民俗习惯。从园林的布局、建筑到装饰，无不透露出江南文化的细腻与温婉。如苏州园林中的亭台楼阁、廊桥水榭，不仅造型优美，而且功能多样，既是观景之处，也是休闲之所。这些建筑元素与江南水乡的自然环境融为一体，共同构成了苏州园林独特的文化景观。

苏州园林作为江南地区历史文化的瑰宝，也是江南地区传统文化的重要传承载体。它们不仅展示了古代造园艺术的高超技艺，还蕴含了深厚的文化底蕴和哲学思想。园林中的亭台楼阁、假山池沼、书画碑刻等，都是古代文人墨客精神追求和艺术创作的结晶，反映了江南地区独特的审美观念和价值取向。这种文化传承，使得苏州园林成为了解和研究江南民俗文化不可或缺的一部分。

苏州园林在布局、装饰、植物配置等方面，也都体现了江南地区的民俗风情。园林中的建筑风格、装饰艺术以及园林活动，如赏花、品茗、听曲等，都是江南地区日常生活和民俗活动的缩影。今天，在园林中漫步时，可以亲身体验到江南地区独特的文化氛围和生活方式，加深对江南民俗风情的了解和认识。

苏州园林将艺术与生活完美融合，展现了江南地区人民对美好生活的追求和向往。园林中的每一处景观、每一件陈设，都是对生活美的提炼和升华。这种艺术与生活的融合，不仅提升了园林的审美价值，也丰富了江南民俗文化的内涵。通过游览园林，人们可以感受到江南地区人民对自然美的热爱和对生活品质的追求。

苏州园林在长期的发展过程中，不断吸收和融合各种文化元素，形成了独特的园林艺术风格。这种文化传承与创新的精神，对江南民俗文化的持续发展具有重要意义。现代园林设计在借鉴苏州园林造园手法的基础上，不断创新和发展，形成了具有时代特色的新园林艺术。这种文化创新的推动，使得江南民俗文化在传承中焕发新的生机与活力。

苏州园林在作为世界文化遗产的同时，也是国家5A级旅游景区，吸引了大量国内外游客前来参观游览。大量游客因苏州园林入苏不仅促进了当地旅游业的发展，也为江南民俗文化的传播提供了更广阔的平台，苏州园林成为展示中华优秀传统文化的重要窗口，对于提升国家文化软实力和国际影响力具有积极作用。

苏州园林在江南民俗文化方面也具有不可替代的价值。它们不仅是历史文化的传承载体和民俗风情的展示窗口，还是艺术与生活融合的典范和文化创新的推动力量。苏州园林还通过诗词歌赋、书画艺术等形式展现了江南文化的博大精深。园林中的匾额楹联、碑刻石刻等，不仅书法精美，内容更是富含哲理与诗情画意，成为传承和弘扬江南文化的重要载体。这些文化元素不仅丰富了苏州园林的思想内涵，也为游人提供了一个了解江南文化的窗口。

其三，苏州园林多为贬谪、隐退的官吏及无心爵禄的文人所建，可以说苏州园林是他们实现人生理想、寄托隐逸情怀的艺术作品。苏州园林的历史可以追溯到春秋时期的吴王苑囿，但其中私家园林的兴盛则始于魏晋南北朝时期。这一时期，社会动荡不安，中央集权衰落，文人士大夫们纷纷逃离官场，寄情山水，隐逸之风盛行。士大夫们通过营造园林来追求精神的自由与独立，园林成为他们净化心灵、保持独立人格的小天地。这也使私家园林天然带有中国传统士大夫的隐逸文化思想。

中国传统的隐逸文化是以老庄的道家思想为哲学基础，强调"道法自然""清静无为"，追求超然物外的生活态度。士大夫阶层作为封建社会的知识精英，他们既有强烈的历史使命感和社会责任感，又追求精神生活的自由与独立。在仕途失意或厌倦官场纷争时，他们选择退隐园林，以山水之乐寄托情怀，表达洁身自好、超然物外的人生态度，园林成为他们的精神寄托。如陶渊明"不为五斗米折腰"，欣然归隐田园，其隐逸精神对后世士大夫产生了深远影响。

在苏州园林中，这种隐逸思想具体体现为对自然的崇尚与模仿，强调与自然和谐共处。园林设计讲究师法自然，模山范水，借助园林中的山水、花木、建筑等元素，通过精巧的布局和丰富的景观设置，寄托自己的情感和理想，营造出一种远离尘嚣、回归自然的氛围，力求达到"虽为人作，宛自天开""天人合一"等思想境界，创造出一种超越现实的审美境界。这种意境的营造，不仅让游人在游览过程中获得美的享受，也激发了人们对自然和生命的深刻思考。这种造园理念不仅提升了园林的艺术价值，也为中国古典园林艺术的发展树立了典范。

苏州园林中隐逸思想的表达，主要是通过精妙的布局、丰富的景观设置以及富含深意的匾联题刻。如拙政园东部花园，被王心一购买之后，取名为"归田园居"，就是模自陶渊明的《归园田居》，表达了园主对隐逸生活的向往与追求；网师园中的"濯缨水阁"则与屈原《渔父》中的"沧浪之水清兮，可以濯吾缨"相呼应，体现了士大夫们洁身自好的隐逸情怀。园林内的这些匾额楹联、石刻碑文等，不仅记录了园主的生活情趣和道德追求，也反映了士大夫阶层超脱世俗、追求精神自由的思想境界。这一思想不仅体现了士大夫们独特的精神追求，还对中国传统文化产生了深远的影响。士大夫隐逸思想在苏州园林中的体现，不仅丰富了园林的文化内涵，也为后世提供了宝贵的精神财富。

寄托于园林的隐逸思想，同时又反过来对当下的社会产生了相关影响。

一是促进了园林艺术的发展。在封建社会中，士大夫们面临着复杂的社会关系和激烈的政治斗争。他们通过隐逸式的园林来寻求精神的寄托和心理的慰藉，以缓解内心的压力和焦虑。这种隐逸思想不仅有助于士大夫们保持独立的人格和清醒的头脑，也为他们提供了创作和思考的宁静空间。同时，这种隐逸生活也激发了士大夫们的创作灵感和艺术热情，为后人留下了丰富的文化遗产。隐逸文化对苏州园林艺术的发展起到了重要的推动作用。士大夫们在园林中追求自然之美，注重意境的营造，使得苏州园林在布局、景观、建筑等方面都达到了极高的艺术成就。

二是有助于传承与弘扬传统文化。苏州园林作为隐逸文化的载体，不仅传承了老庄道家思想的精神内核，还融合了儒家、佛教等多元文化元素，形成了独具特色的中国传统文化景观。士大夫隐逸思想强调与自然和谐共处，追求生态平衡和可持续发展。这种理念在苏州园林中得到了生动体现，园林设计注重保护自然环境和生态资源，通过合理的布局和科学的管理，实现了人与自然的和谐共生。这种生态理念不仅具有现实意义，也为现代社会提供了有益的启示和借鉴。

三是在一定程度上反映了社会心理与价值取向。士大夫们的隐逸思想在一定程度上反映了封建社会的心理特征与价值取向。他们通过隐逸于园林来寻求心灵的慰藉与精神的自由，同时也表达了对现实社会的不满与批判。这种隐逸文化不仅体现了士大夫们独特的个性与追求，也为我们理解封建社会提供了重要的视角。

苏州园林中的士大夫隐逸思想具有深远的历史背景、丰富的文化内涵和广泛的社会影响。苏州园林中士大夫隐逸思想的价值体现在艺术、文化和社会等多个方面。它不仅是中国古典园林艺术的瑰宝，也是中华民族优秀传统文化的重要组成部分。苏州园林中士大夫隐逸思想的价值，不仅促进了园林艺术的发展，还传承与弘扬了中华传统文化，通过挖掘园林中的隐逸思想，我们可以更好地理解和传承中华民族的文化遗产，为现代社会的发展提供有益的借鉴和启示。

其四，苏州园林拥有独树一帜的造园手法，充分体现了中国传统古建筑的文化遗产价值与艺术价值。《园冶》作为明清时期造园理论的集大成之作，对苏州古典园林的造园手法进行了深刻的阐述。书中提出的"巧于因借，精在体宜"的造园宗旨，正是苏州园林艺术特色的集中体现。园林的设计者们巧妙地运用了对比、衬托、对景、借景等多种艺术手法，将亭台楼阁、泉水岩石、花卉树木等自然元素与人工建筑完美地融合在一起，营造出一种"虽为人作，宛自天开"的艺术效果，展现出极高的技巧和策略，体现了中国古代园林艺术的精髓。

孟兆祯在《园衍》中提出："中国园林的设计序列为明旨、相地、立意、布局、理微和余韵韵，而借景作为中心环节与每个环节都构成必然的相互依存关系。"苏州园林的建造设计首先要从总体布局和构思入手。苏州园林在设计之初便明确"园"的立意，以园中有园、园中有院的层次丰富且合理的布局为理念。园林通常围绕中心水体展开，布以山石、屋宇，并通过廊庭相互呼应，使建筑与园林融为一体。而在空间划分上，采用化整为零的景区划分方法，将园林划分为多个区域，每个区域都有独特的风景主题和特色。这种划分不仅丰富了园景，还使得游人在有限的空间内能够体验到不同的景观变化。苏州园林虽然与国外规整式园林不同，在总体布局上避免轴线对称，但中轴对称的原则仍有所体现，这与中国传统的宇宙秩序观念相契合。同时，通过非对称的均衡手法，园林空间既富于变化又不失和谐。

造景则是苏州园林的精妙所在，借景、对景、框景等多种手法巧妙运用，让有限的空间呈现出无限的景致。亭台轩榭的布局独具匠心，假山池

沼的配合相得益彰，花草树木的映衬错落有致，处处彰显着自然之美与人文之韵的完美融合。苏州园林擅长利用借景手法，将园外的景色巧妙地引入园内，使之成为园景的一部分。借景的方式多种多样，《园冶》中说："夫借景，林园之最要者也。如远借，邻界，仰借，俯借，应时而借。"这些手法使得园林空间得以无限延伸。例如，拙政园通过远借北寺塔，使得园内外景色浑然一体。对景也是苏州园林中常见的造景手法之一，通过设计使两处景点互见，相映成趣。对景的设置不仅增强了园林的观赏性，还使游人在游览过程中能够不断发现新的美景。框景是利用门窗、廊柱等形成景框，将园中的美景截取下来，形成一幅幅生动的画面。这种手法使得游人在有限的视角内能够欣赏到无限的美景，增强了园林的艺术感染力。漏景是由框景发展而来的一种造景手法，通过花窗、漏屏风等透空景物，使景色影影绰绰，似隔非隔，营造出含蓄隽永的意境。例如，苏州博物馆中的漏窗设计便巧妙地运用了漏景手法。障景又称抑景，是在园林入口处设置山石、树木等障碍物，适当藏住园中风光，抑制视线，引导游人转变游览路线。这种手法不仅增加了园林的神秘感，还使得游人在游览过程中能够逐步领略到园林的全貌，不断收获惊喜与新奇。比如，由拙政园将军门（原大门）进入园内，首先映入眼帘的便是一座黄石假山，这里的假山便是起到障景的作用，将园内的美景暂时遮挡起来，增添了一份神秘与期待。待游客绕过假山，便如打开一幅绚丽的画卷，亭台楼阁、水榭回廊、花木扶疏逐一展现在眼前，给人以豁然开朗、美不胜收之感。

苏州园林包含了大量形式丰富的古代建筑，有亭、台、楼、阁、轩、榭、廊、舫等，每种建筑都各具特色，在园林中扮演着不同的作用。比如，苏州园林中的廊是连接各景点的纽带，也是游人休憩观景的好去处。曲廊随形而弯、依势而转，造型别致且高低错落，使游人在其间可行可歇、可观可戏。桥不仅具有交通功能，还是重要的风景点。苏州园林中的桥造型丰富多样，包括平桥、曲桥、拱桥等，这些桥与水面、倒影相映成趣，构成了园林中独特的风景线。园林中的楼造型独特且形式多样，楼与楼之间往往相互呼应、互为因借。楼的设置不仅丰富了园林的空间层次，还为游人提供了登高望远的好去处。这些建筑各具特色，共同构成了苏州园林如诗如画的美景。

植物，也是苏州园林造园四要素之一。苏州园林中植物种类繁多，包括花卉、树木、藤蔓等。这些植物不仅美化了园林环境，还为游人提供了丰富的视觉和嗅觉体验。园林中的植物配置注重季相变化，通过不同季节的开花植物和落叶植物搭配，园林在不同季节都能呈现出不同的美景。这种设计不仅增加了园林的观赏价值，还体现了自然与人工的和谐统一。植物在园林中不仅作为实体存在，还常被用来营造特定的意境。例如，通过种植竹子来营造清幽雅致的氛围，或者通过梅花、松树等植物来象征高洁坚忍的品质。

苏州园林中常以水体为中心，通过池塘、溪流、瀑布等形式来营造水景。水体不仅增加了园林的灵动性，还使得园林空间显得更加开阔和深

留园消夏避暑　管钰楠摄

远。水体常与建筑相结合，形成独特的景观效果。例如，水榭、亭台等建筑临水而建，游人可以在此欣赏水景、品茗休憩。园林中的水景设计注重动静结合，既有静谧的池塘水面，也有活泼的溪流瀑布。这种设计不仅丰富了园林的景观层次，还使得游人在游览过程中能够感受到不同的节奏和韵律。

假山是园林的骨架，苏州园林中的假山选石讲究，常用太湖石、黄石等石材。这些石材形态各异、纹理丰富，为假山堆叠提供了良好的物质基础。在造型上，假山注重模仿自然山峦的形态和气势，通过叠石成山的手法创造出险峻、幽深、秀丽等不同的景观效果。假山堆叠注重空间层次的营造，通过山石的高低错落、虚实相间来形成丰富的空间变化。这种设计不仅增加了园林的观赏价值，还使得游人在游览过程中能够体验到不同的视觉感受和心理变化。

其五，苏州园林的造园思想对世界园林艺术产生了深远的影响。其独特的布局手法、景观营造技巧以及文化内涵的融入，为后世园林设计提供了丰富的灵感和借鉴。无论是东方园林还是西方园林，都能从苏州园林中汲取到宝贵的造园经验，推动全球园林艺术的不断创新与发展。

苏州园林造园思想漫谈

苏州园林造园思想的核心要素包括"天人合一"的哲学思想、崇尚自然的美学观念，以及精湛的造园技艺。这些要素共同构成了苏州园林独特的艺术风格和文化内涵。苏州园林造园思想在国际园林建设中得到了广泛的应用和推广，许多国际园林项目都借鉴了苏州园林的设计理念和手法。众多国际园林项目在设计中都会通过模拟自然山水、运用当地植物材料等方式，营造出富有自然气息的园林景观；通过巧妙的空间划分和景观组织，创造出丰富多变的园林空间；通过引入当地文化元素、设置艺术品等方式，提升园林的文化内涵和艺术价值。

苏州园林造园思想的影响力

比如新加坡滨海湾花园，其中的云雾林和花穹两个冷室的设计便融入苏州园林"自然与人工的和谐统一""精致细腻的布局和设计"等造园思想。云雾林模拟了高山云雾缭绕的自然景观，通过高科技手段营造出凉爽湿润的环境，种植了来自世界各地的热带高山植物，这种模拟自然的手法与苏州园林追求自然美与人工美统一的理念不谋而合；花穹内部布局精巧，将各种花卉植物按照色彩、形态和生长习性精心搭配，编织出一幅幅生动的画面，这种对细节的关注和精致的设计，正是对苏州园林造园技艺精髓的体现。还有美国波特兰日本花园，虽名为"日本花园"，但在设计上也受到了苏州园林的影响，展现了东西方园林艺术的融合。花园中不仅展示了日本传统园林的特色，还融入了中国园林的元素，如曲折的游廊、精致的亭台楼阁等。这些元素的设计灵感部分来源于苏州园林，使得花园呈现出多元文化的魅力。

可以说，苏州园林造园思想对国际园林文化交流与融合产生了积极的影响，推动了全球园林文化的共同进步。苏州园林造园思想的传播促进了国际园林设计理念的交流，使不同国家和地区的园林设计师能够相互借鉴、相互启发，共同推动园林设计理念的创新和发展。苏州园林造园思想在国际园林建设中的应用推动了国际园林文化的融合，使不同文化背景下的园林项目能够呈现出多元化的面貌，同时也加深了公众对于不同园林文化的理解和尊重。苏州园林造园思想以其独特的魅力和价值吸引了全球范围内的关注和学习，提升了全球园林文化的整体水平。许多国际园林项目在借鉴苏州园林设计理念的同时，也不断探索和创新，为世界园林文化的繁荣发展做出了贡献。

从"苏州园林"到"园林苏州"

21世纪以来，苏州古典园林陆续被联合国教科文组织列入《世界遗产名录》，苏州园林走进国际视野，其历史文化价值逐渐被人们认识并接受；进入新时代，随着苏州园林与苏州古城保护、苏州生态园林城市创建深度融合，以及人们对美好生活的追求，园林与城市、生活、发展的关系逐渐为人们所认识和重视，"园林之城"建设已成为这一认识的生动实践，"苏州园林"开始走向"园林苏州"。"苏州园林"这一品牌愈加受到关注，她已成为苏州这座历史文化名城的熠熠明珠，成为苏州人民的精神图腾。

苏州城市的发展建设凸显了苏州园林的古典美。在保持了2500多年的14.2平方千米的古城外，苏州于1982年开始建设了一块22平方千米的新城区，开启了保护古城、开发新城的阶段；1992年，在古城西面创建了国家高新技术产业开发区；1994年，在城东金鸡湖畔建设了苏州工业园区——苏州城市格局形成了"古城居中、东园西区、一体两翼"的全新格局。2001年，吴县市撤市建区，苏州在古城之南设吴中区，古城之北设相城区，又形成了"五区组团"的形态。2012年，平江、金阊、沧浪合并成立姑苏区，苏州国家历史文化名城保护区挂牌；同年吴江市撤市建区。苏州中心城市形成了"一核四城"的园林布局。值得一提的是，苏州在建设新城的时候，始终坚持园林城市的历史文脉，在诸多规划设计和建设细节中都渗透了古典园林的艺术元素，苏州新城宛若一座更大的现代园林。在苏州古城区建设中，新建了一条环城步道，将城区中100多个小游园像珍珠项链一样串联起来，提升了苏州人民的生活品质。

在城乡规划方面，苏州已经形成了"古城居中、四角山水、五区组团、一核四城"的城市格局，其中东北角是阳澄湖，西北角是三角咀，西南角是七子山—石湖，东南角是独墅湖—澄湖，形成了1个中心城市、4个副中心城市、50个中心镇以及一批特色小镇的"1450"空间形态。土沃田腴、山温水软、风光旖旎、胜迹遍布，苏州就是一座大园林。

苏州园林的绰约风姿带动了苏州城市旅游的发展。截至2024年7月22日，苏州市园林绿化局直属的拙政园、留园、虎丘、狮子林等14家园林景区，共接待外籍游客14.32万人次，比上年同期增长181.89%。苏州园林作为城市的文化名片，持续吸引着大量境内外游客，推动了苏州城市旅游的发展。苏州园林的独特魅力和文化内涵，将继续作为城市旅游发展的重要驱动力。

园林之城的创建策略

可以说，正是在与苏州经济融合反哺中，"苏州园林"品牌得以长盛不衰。但是想要保持苏州"园林之城"皇冠的光彩，苏州要做的还有很多，要对照"苏州园林甲天下"的标准，在园林之城创建上充分展现首位担当。

一是要弘扬苏州园林文化内涵，倡导苏式生活理念。苏州园林是人类居住地或使用地的杰出范例，作为"完美人居""诗意栖居"的文明实体，历来为众多海内外人士所青睐。王献臣取晋代潘岳《闲居赋》中"灌园鬻蔬，供朝夕之膳……此亦拙者之为政也"意，命名拙政园；苏舜钦因感于"沧浪之水清兮，可以濯吾缨；沧浪之水浊兮，可以濯吾足"，题名沧浪亭；这些体现的就是古代文人的正直、清廉，这与"崇文睿智，开放包容，争先创优，和谐致远"的苏州城市精神不谋而合。苏州园林也曾经被称为苏式园林，也深刻体现了苏式生活的理念。苏州从古到今的园林风格多样、规模各异，还有遍布城乡的、称不上园林的园艺景观，如大户人家的庭院，独门独院的天井，以及小家小户门前的花坛和盆盆罐罐组成的菜圃，它们实质上都是苏州人根深蒂固的园林情节，同时也是"百园之城"苏州的精致苏式风情的真实写照。正是苏州特有的园林景致和苏式生活理念，吸引了大量人才前来，让人才与发展相得益彰，让苏州制造发展为苏州创造，走出了苏州经济发展的新道路。

二是要传承苏式技艺，助推经济发展。苏州园林是造园艺术的典范，是园林理论研究的重要范本，其园林营造艺术、盆景、园艺技术，都是助推苏州园林经济发展的核心要素。"一方水土一方人"，苏州刚柔并济的水文化和崇文重教的社会氛围，造就了苏州历史进程中人才济济、名家辈出的盛况。除了状元进士、吴门画家、藏书家、戏曲名家等，因苏州园林建造而催生的造园家、香山匠人等，也都以其本身的卓越并名扬四海而成为苏州一大特色。如以香山帮为代表的园林营造技艺，是以"园林集团"为龙头的园林产业经济发展壮大的核心竞争力；以苏式盆景、花卉植物为代表的园艺技艺，也将是绿化产业发展的重要依托……因此，要积极以国际文化品牌"苏州园林"为支撑，积极培育"园林集团"等园林文化企业，通过文化品牌工程、文化民生工程、精品创作工程等项目，大力弘扬和发展苏式设计、苏式技艺，形成园林产业集群，真正激发园林文化附加值，推动苏州经济发展。

三是要凸显苏州园林特色，打造园林之城样本。发掘园林的核心价值，在传承和保护的基础上，让"富有永恒魅力，具有当代价值"的苏州园林活起来，为苏州城市建设与生态文明建设提供有价值的范本和经验，体现出苏州城市文明的精神特质。通过口袋公园项目，将口袋公园作为城市微空间的绿色点缀，口袋公园亦以其小巧精致、功能多样的特点受到市民的喜爱。这些公园不仅提供了休闲娱乐和社交交流的场所，还美化了城市环境、提升了城市形象。在苏州园林城市建设的过程中，口袋公园的建设得到了广泛推广和应用。通过科学规划和合理布局，苏州市在城市各个角落建设了众多口袋公园，为市民提供了更多亲近自然、享受生活的机会。

四是要严格保护园林本体，推出遗产活化产品。2018年11月1日，苏州获得了世界遗产城市组织第三届亚太区大会授予的"世界遗产典范城市"称号，这是世界遗产城市组织首次颁发的称号，苏州也是首个并迄今唯一获得这一称号的城市，从中可见苏州在保护世界文化遗产中所做的不懈努力与杰出成就。2020年4月，在苏州市委、市政府的决策部署下，拙政园开始启动夜游项目策划，从夜晚的多维角度出发，围绕园中既有

拙政问雅　冷一文摄

的景点布局以及中国传统文化的元素和意象，以崭新的媒体艺术表现方式，在古典园林中构建了一条跨时空的游园体验之道，突出展现了园林艺术的时代活力，努力绣出了一幅文化与经济交相辉映、古典与现代交织融合的"双面绣"。"拙政问雅·夜苏博"是大型实景园林文化艺术光影夜游作品，项目以"雅"为主题，以吴门画派意境为蓝本，让园林自身做主角，在严格文物保护的前提下，借助声、光、音、气等媒介技术，细微呈现月相变化、四季变迁、风物流转，从造园艺术、历史人文、昆曲欣赏等角度，带游客感受苏州园林的美学哲思，体验江南文人的诗意生活。"拙政问雅·夜苏博"成为苏州夜游市场现象级产品，接待了多位党和国家领导人并得到了他们的高度认可。《拙政问雅·夜苏博：一场跨越五百年的时空邀约》获得联合国教科文组织"2023年全球世界遗产教育创新案例奖"和"卓越之星奖"。

五是创新园林理论范式，推进苏州园林群体性保护。目前，研究园林的学科主要是风景园林学，随着社会发展，对于风景园林，特别是传统园林学的研究逐渐走入困境，对于中国古典园林的解读长期存在支离破碎的情况。为系统解读中国古典园林、全方位传播中国园林文化，苏州园林人于2022年提出一门"拙政园学"。"拙政园学"是一门以拙政园为研

苏州文化艺术中心广场昆曲表演　管钰楠摄

究范本，以勘察解析、园艺溯源、营造师承、鉴赏评价、学术交流、品牌推广为方式方法，全面研究中国园林、中国园林文化与发展的专业性学科。作为传统园林学、风景园林学的分支学科，其原理性的学科定义同样是研究如何合理运用自然因素，特别是生态因素和社会因素来创建优美的、生态平衡的人类生活境域的学科。"拙政园学"的提出与构建正是为了做好从中国造园的理念、中国造园的技艺，到中国造园的影响及其文化品牌的传承，通过形成一个研究体系，提出一套设计方案，完善一部研学教案，倡导一种运作模式，塑造并推出一种能够代表中国园林学科的教学研究与实践的模板和范式。

　　"苏州园林甲天下"，苏州园林因其独特的造园特点和卓越的艺术成就，始终是世界园林艺术的瑰宝。苏州园林从"宋风遗韵"中走来，与苏州这座古城缠绕生长，亭台楼阁间，依稀可见当年士大夫们的诗意情怀，也清晰可见苏州人与苏州城市的蓬勃生长。如今的苏州，既是一座现代化的城市，又是一座充满园林艺术气息的城市。苏州园林见证了苏州的历史变迁，承载这座城市的记忆与灵魂，激励苏州人不断追求美好生活，也吸引世界各地的游客前来领略这座城市的风采。相信，苏州园林在我们这代人手中，将始终如一地绽放璀璨光辉，是苏州人心中永恒的精神家园，是苏州城市的灵魂。

环太湖世界级
湖区创新高地

环太湖区域，苏州自古就有着相对主导的地位。这不仅仅是因为苏州至今还拥有着太湖湖域面积的四分之三，更因为太湖与苏州吴文化发祥地和江南文化核心区的形成有着直接而密切的自然地理渊源和历史文化关联。江苏"十四五"规划提出"打造环太湖世界级生态湖区、创新湖区"，苏州机遇与挑战并存，自当为创建环太湖世界级湖区的创新高地深入研究，全面规划，积极探索，率先示范，做出应有的努力和贡献。

太湖介于苏、浙两省之间，被苏州、无锡、常州、湖州4座国家文化历史名城所环抱，是长三角地区的内湖。太湖战略地位重要，不仅处于吴文化地理中心，也是江南文明的"母亲湖"。太湖拥有壮丽的山水景观，自然风光秀美。太湖水域面积2420平方千米，南北长68千米，东西宽34千米，湖底平浅，平均水深1.94米，是一个典型的平原浅水型湖泊。太湖周边地形多样，西侧和西南侧主要为丘陵山地，东侧则以平原和水网为主。太湖之中镶嵌着诸多岛屿，宛如一颗颗璀璨的明珠，散落在碧波之上，各自散发着独特的魅力，为太湖平添了几分神秘与韵味。太湖周边分布着众多高等级旅游度假区和旅游景区。仅太湖一线滨水区域就有5家国家级旅游度假区。它们各具特色，共同构成了太湖周边丰富多彩的旅游画卷，为游客提供了丰富的旅游选择和难忘的旅游体验。

太湖不仅自然风光旖旎，还承载着丰富的历史文化价值。太湖古称震泽、具区，又名五湖、笠泽，这些名称不仅反映了太湖的历史变迁，也蕴含了深厚的文化底蕴。环太湖区域的历史可以追溯到远古时期，这里是中国古代文明的重要发源地之一，曾是古代吴越文化的中心，吴越文化的独特性在太湖地区得到了淋漓尽致的体现。太湖的湖光山色以及独特的自然景观，常常成为文人墨客的创作灵感之源。白居易、苏东坡等都曾在太湖留下传世佳作。这些诗篇与太湖的山水相辉映,形成了独特的太湖文化。在新时代背景下,环太湖区域已成为生态文明建设与经济转型升级的重要交汇点。

构建环太湖世界级创新湖区,对加强区域协调、推动绿色发展和提升国际竞争力至关重要。该战略旨在通过科学规划与创新驱动,优化区域布局,打破行政壁垒,高效配置资源,促进产业协同,形成具有更强竞争力的产业集群,从而增强区域凝聚力,加快人才、资金、技术集聚,推动社会经济文化可持续发展。与此同时,该战略强调加强生态保护,实施修复治理,提升太湖水质,推动清洁能源、节能环保等绿色产业发展,引领绿色低碳生活方式。在此基础上,推动环太湖世界级创新湖区加强高水平对外开放,积极吸引国际创新要素,加强国际合作,推动科技成果转化,形成自主知识产权和品牌,提升环太湖区域在全球科技创新中的地位和竞争力。

环太湖世界级创新湖区现状

自然资源与环境状况

环太湖世界级创新湖区,以其得天独厚的自然资源和优美的生态环境著称,为区域创新发展提供了坚实的基础。从太湖水质现状来看,近年来随着环保力度的加大,太湖水质得到了显著改善,部分区域已达到或优于国家地表水环境质量标准。今后一段时期,面对工业化和城市化的双重压力,太湖水质保护依然任重道远,需持续加强污染源控制和生态修复工作,确保水质长期稳定向好。

在生物多样性保护方面，太湖及周边区域拥有丰富的生态系统类型和生物多样性资源。从湿地到湖泊，从森林到农田，各类生态系统交织成网，为众多野生动植物提供了宝贵的栖息地。通过实施严格的生态保护措施，如建立自然保护区、开展生物多样性监测和评估等，环太湖区域在保护生物多样性方面取得了显著成效。与此同时，加强生态修复和治理，恢复受损生态系统的功能，仍然是当前太湖区域面临的重要任务。

太湖周边自然环境优美，湖光山色交相辉映，形成了独特的自然景观风貌。这些自然景观不仅是区域旅游资源的重要组成部分，也是提升区域生态环境质量和居民生活品质的关键因素。创新湖区建设，注重保护并合理利用自然景观，通过规划建设和生态修复等手段，打造更加宜人的生态环境和美丽的自然景观。

经济基础与产业结构

环太湖区域作为长三角地区的重要经济增长极，拥有雄厚的经济基础。该区域经济总量庞大，人均地区生产总值显著高于全国平均水平，展现出强劲的发展势头。在主导产业方面，环太湖区域以高新技术产业为引领，集聚了众多科技型企业和丰富的创新资源，形成了强大的创新能力和综合竞争力。文化旅游产业和现代农业也是环太湖区域经济发展的重要支柱。苏州等环太湖城市凭借其丰富的历史文化遗产和

太湖的山水，以其千姿百态的错落有致的层次——无论大低、远近、前后、疏密或重同编织出一幅幅山环水绕、山的奇丽画卷。湖畔，一个半岛如绿色手指轻轻探之中，勾勒出数十道蜿蜒曲湾，为游人增添了无尽的探赏之乐。太湖之美，更在于节更迭而展现的万千气象：涌，则山势更显巍峨；风平则水面宛如绸缎。春日风和湖面波光粼粼，山峦与水光辉映，明媚动人；夏日风雨交面白浪滔天，气势磅礴；秋缭绕，湖面与山峦隐于云雾神秘莫测；冬日晨曦暮霭，霞映照，湖面金光闪烁，美。而每当皓月当空，湖面则洁的月影，山色在朦胧月光幽远。太湖，以其变幻无穷景观，让人流连忘返。

自然景观资源，吸引着大量国内外游客前来游览，文化旅游产业蓬勃发展。依托先进的农业科技和丰富的农业资源，现代农业在环太湖区域经济发展中也扮演着重要角色。

面对全球科技竞争的新格局和国内经济转型的新要求，环太湖区域面临传统产业升级与新兴产业培育的紧迫任务。一方面，传统产业虽然为区域经济发展做出了巨大贡献，但在当前技术变革和市场需求变化的背景下，面临着转型升级压力。通过技术创新、管理创新和市场创新等手段，推动传统产业向高端化、智能化、绿色化方向发展，是提升环太湖区域竞争力的重要途径。另一方面，新兴产业作为环太湖区域经济发展的新引擎，具有成长性强、带动效应大的特点。环太湖区域应充分利用自身资源和优势，积极培育和发展新一代信息技术、生物医药、新材料、新能源等战略性新兴产业，形成新的经济增长点。

科技创新与人才资源

环太湖区域拥有众多知名高校和科研机构，为区域科技创新提供了强大支撑。区域内聚集了苏州大学、江南大学、常州大学、南京大学苏州校区、中国人民大学苏州校区、东南大学苏州校区、苏州科技大学、无锡学院、昆山杜克大学、西交利物浦大学等国内外知名高校，这些高校在各自领域内具有较高的学术声誉和研究水平。苏州首个"国"字头大学——中国中医科学院已在苏州吴中区临湖镇建成。同时，区域内还聚集了中科院苏州纳米所、清华大学苏州汽车研究院、中科院苏州医工所等一批国家级和省级科研机构，形成了环太湖较为完善的教学科研体系。

近年来，环太湖区域在科技创新方面取得显著成果。区域内高校和科研机构围绕新材料、生物医药、新一代信息技术等前沿领域开展深入研究，取得了一批具有自主知识产权的科技成果。环太湖区域已建立起较为完善的科技成果转化机制，通过产学研合作、技术转移等方式，推动科技成果向现实生产力转化。以太湖科学城、太湖湾科创带为代表的创新载体，为科技成果转化提供了重要平台，吸引着大量科技企业入驻，形成了良好的创新生态。

环太湖区域人才结构呈现出多元化、高层次的特点。随着区域经济不断发展和产业结构不断优化，环太湖区域的人才需求也日益多样化，吸引着越来越多的海内外优秀人才前来工作和生活。人才流动呈现出明显的"马太效应"，优秀人才不断向区域内高水平科研机构和企业聚集。随着创新生态的不断完善和营商环境的持续优化，越来越多的高层次人才选择在环太湖区域创新创业。各单位通过举办人才交流活动和建立人才服务平台等方式，加强人才流动和交流合作，进一步促进了人才的优化配置和高效利用。

人才是创新发展的核心要素之一。环太湖区域高水平人才群体为区域创新发展提供了重要支撑。近年来，环太湖区域集聚的各级各类人才不仅在各自领域内开展深入研究和技术攻关，还积极参与企业技术创新和产业升级活动，有力地推动了区域内高新技术产业发展和传统产业转型升级。环太湖各地则通过建设人才公寓、提供子女教育等优惠政策措施，营造出良好的人才发展和生活环境，这进一步增强了人才的归属感和创新活力。

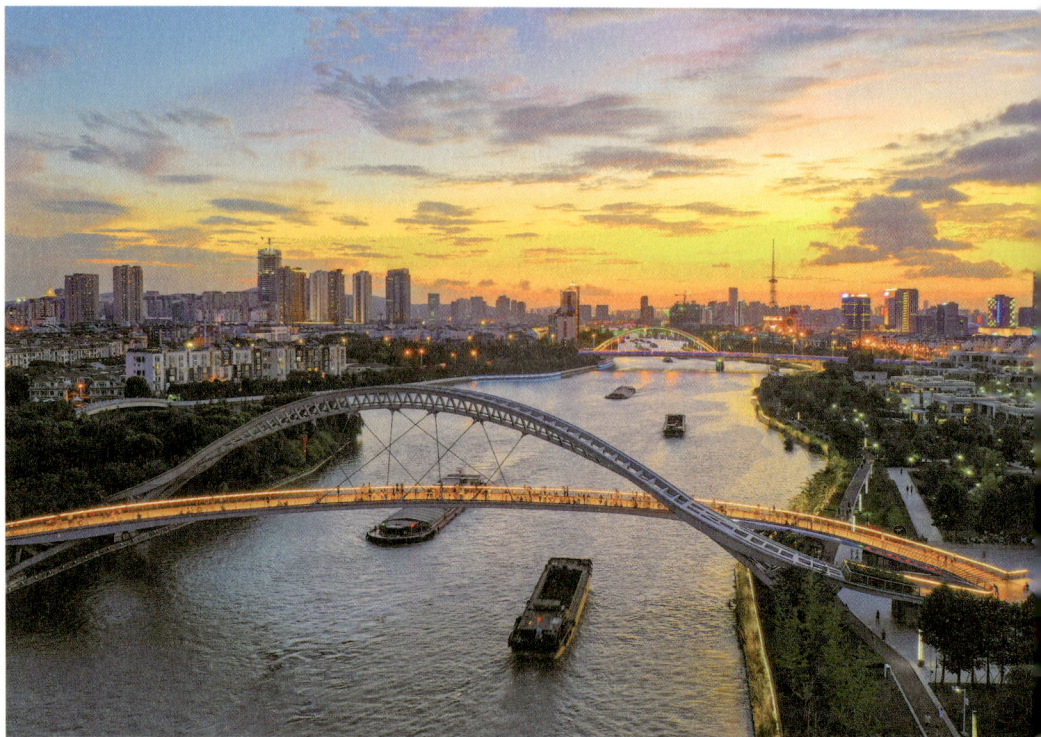

运河上的明珠　阙明芬摄

政策支持与区域合作

国家及地方政府对环太湖区域的生态文明建设给予高度重视，并针对性地实施了一系列政策措施。这些政策不仅着眼于太湖水质的保护与改善，还致力于维护区域生态平衡，措施涵盖强化环境监管、执行生态修复、倡导绿色生产方式等多个方面。为激发区域科技创新活力，政府同样制定多项激励措施，持续增加科研经费投入、构建创新平台、优化创新环境，这为环太湖区域高校和科研机构提供了坚实的资金支持。这些支持促进了高新技术产业的蓬勃发展，推动了科技成果的有效转化。

围绕加快环太湖区域协同发展，政府出台了一系列旨在打破行政界限、优化资源配置、提升区域整体竞争力的政策举措,不断引导强化区域规划协同、促进产业深度合作、推进基础设施无缝对接。苏锡常都市圈等区域一体化发展战略,为环太湖区域协同发展注入了强劲动力,提供了坚实的战略支撑。通过加强区域规划、产业协作和基础设施互联互通,区域内各城市之间的经济联系日益紧密,资源共享和优势互补效应逐步显现。除了政府层面的工作机制外,环太湖区域还通过建立协调机构、积极发挥行业协会作用等措施,提供合作保障。

环太湖世界级创新湖区面临的挑战

构建环太湖世界级创新湖区,虽然前景广阔、潜力巨大,但仍不可避免地面临着一系列现实挑战。这些挑战广泛涉及区域经济、生态环境、人才引进、科技创新等多个维度,并且关联着区域协调、文化传承与创新平衡等深层次问题。

区域协调难度

环太湖区域涵盖苏州、无锡、常州、湖州等多个城市,每个城市都有其独特的发展路径和利益诉求。这种多城市并存的局面,虽然为环太湖区域带来了多元化的资源和活力,但同时也会增加区域协调的难度。不同城市之间在资源配置、政策制定、项目实施等方面可能存在分歧,导致资源难以高效整合,甚至出现重复建设和资源浪费的现象。如何在保证各城市利益的同时,实现区域整体的协同发展,是环太湖世界级创新湖区构建过程中面临的一大挑战。

生态环境压力

太湖作为环太湖区域的核心生态资源,其保护与发展之间的平衡问题尤为突出。随着经济的快速发展和城市化进程的加速,太湖的生态环境仍面临着巨大压力。水体污染、生态系统退化、生物多样性减少等问题日益凸显,对太湖的生态功能构成了严重威胁。如何在保护太湖生态环境的前提下,实现经济的快速增长,是环太湖区域必须面对的现实难题。这不仅需要地方政府加强环保监管和生态修复工作,还需要区域内企业和社会公众的广泛参与和支持。

高端人才竞争

在全球化的今天,高端人才竞争已经成为区域发展的重要驱动力。环太湖区域虽然拥有较为丰富的人才资源,但与国际一流的创新高地相比,仍存在较大差距。尤其是在吸引海外高层次人才方面,环太湖区域面临着来自国内外多个地区的激烈竞争。如何提升区域对高端人才的吸引力,优化人才发展环境,成为环太湖世界级创新湖区构建的关键所在。这不仅需要政府出台更具吸引力的人才政策,还需要企业和社会各界共同努力,为人才提供广阔的发展空间和良好的生活条件。

科技创新风险

科技创新是推动环太湖世界级创新湖区构建的核心动力。然而，科技创新本身具有高度的不确定性和风险性。从研发投入、技术路线选择到成果转化等各个环节都充满了未知和挑战。环太湖区域在推动科技创新的过程中，需要充分考虑这些因素，建立健全的风险防控机制，确保科技创新活动的顺利进行。环太湖区域还需加强与国内外科研机构、高校和企业的合作与交流，共同应对科技创新带来的挑战和风险。

文化传承与创新平衡

太湖文化源远流长、博大精深，是环太湖区域独特的文化瑰宝。在推动环太湖世界级创新湖区构建的过程中，如何平衡好传统文化传承与现代文化创新的关系，成为一个亟待解决的问题。一方面，需要深入挖掘太湖文化的内涵和价值，传承和弘扬优秀的传统文化；另一方面，也需要积极推动文化创新，将传统文化与现代科技、旅游等产业相结合，打造具有太湖特色的文化品牌和产品。这种平衡既是对传统文化的尊重和保护，也是对现代文化发展的有力推动。

生态保护与绿色发展的深度融合

生态保护与绿色发展的和谐共生被置于环太湖世界级创新湖区的首要位置。太湖，这颗璀璨明珠，正经历着全方位的综合治理与源头防控的精心规划与实施，水质监测预警体系得以智能化升级，确保水质持续改善。一系列生态修复工程，如生态清淤、水生生态系统恢复及湿地保育项目，被积极推进，旨在唤醒太湖的自然修复力，焕发其勃勃生机。

绿色产业体系的构建，则标志着环太湖区域正迈向绿色能源的先锋之路。风能、太阳能等清洁、可再生能源得到充分利用，引领着能源结构的绿色转型。循环经济模式的推广与环保产业的发展，促进了资源的高效循环利用，实现了经济增长与环境保护的双赢。依托太湖得天独厚的自然风貌与深厚的人文底蕴，生态旅游品牌被精心打造，融合地方特色与国际视野，书写了生态保护与经济发展并进的辉煌篇章。

科技创新：驱动未来的核心引擎

科技创新是环太湖世界级创新湖区发展的核心驱动力。高新技术产业的蓬勃发展聚焦于信息技术、生物医药、新材料等前沿领域，通过政策激励与市场机制的双重作用，企业科研投入不断加大，技术突破与产业升级持续加速。

构建产学研用深度融合的创新生态系统，促进了高校、科研院所与企业之间的无缝对接，加速了科技成果的转化与应用。开放合作的国际创新网络得以搭建，全球顶尖人才与科研团队被吸引至此，形成了具有国际竞争力的创新高地。国际科技合作的深化，让环太湖区域积极参与全球科技对话与合作项目，引进国际先进科技资源，提升了区域整体创新能力。

人才战略：汇聚智慧，筑梦未来

环太湖世界级创新湖区实施了全方位、多层次的人才集聚与培养计划，一系列吸引力十足的政策措施被制定出台，包括优厚的薪酬福利、便捷的生活配套、丰富的科研资源及广阔的发展平台，旨在吸引国内外高端人才竞相涌入。本土人才的挖掘与培养同样受到重视，教育投入加大，教育资源配置优化，从基础教育到高等教育的完整人才培养链条得以构建。校企合作、职业技能培训等多元化途径被深化，培养出一批批适应湖区创新发展需求的高素质人才，为区域发展注入源源不断的智慧与活力。

为确保人才服务的高效与便捷，多层次、全方位的人才服务体系被构建起来，提供一站式人才引进、专业咨询、精准评价及激励机制，为人才在环太湖区域的创新创业之旅保驾护航。

产业升级与转型：迈向高端与绿色

在环太湖世界级创新湖区的构建过程中，产业升级与转型的步伐不断加快。传统产业的智能化、绿色化改造被大力推进，现代信息技术被广泛应用，生产效率与产品附加值显著提升。同时，环保技术研发与应用得到加强，资源节约与环境保护的双重目标得以实现。

新兴产业集群的培育成为重要方向，信息技术、生物医药、新材料等战略性新兴产业受到政策扶持与市场引导，快速崛起并形成竞争优势。

特色产业链的构建强化了上下游企业的协同合作，推动产业向高端化、专业化、精细化方向发展，区域产业的整体竞争力与市场占有率得到提升。

区域协同与开放合作：共绘发展新蓝图

区域协同与开放合作是环太湖世界级创新湖区高质量发展的关键支撑。随着环太湖城市的联动合作得到加强，政策协同、资源共享与项目合作不断推进，优势互补、协同发展的区域创新网络得以构建和完善。国际合作的持续深化，使得环太湖区域积极参与全球科技竞争与合作，外资与外企被吸引入驻，产业国际化进程加速。公平、透明、高效的合作机制保障了各方利益，促进了合作关系的长期稳定与可持续发展。国际性的论坛、展览与会议等活动的举办加强了环太湖区域与国际社会的交流与联系，提升了环太湖区域在全球舞台上的知名度与影响力。

文化传承与创新：铸就文化新辉煌

在环太湖世界级创新湖区的建设中，文化传承与创新的融合发展受到高度重视。太湖文化的独特魅力与深厚底蕴被深入挖掘与传承，历史文化遗产得到保护，地方特色文化得以延续。文化与旅游、科技的深度融合发展让太湖文化元素融入旅游产品开发、旅游服务提升及科技创新活动中，具有鲜明文化特色的旅游品牌与科技产品应运而生。

文化创意产业得到积极培育与发展。依托太湖文化资源优势，文化创意企业被吸引入驻并形成产业集群效应。政策扶持、平台搭建与市场培育等措施的实施鼓励了文化创意企业的创新创造与市场拓展。通过举办具有影响力的文化活动、节庆赛事等方式打造文化品牌，有力地提升了太湖文化的知名度与美誉度。与国内外文化机构的交流合作加强了国际先进文化理念与运作模式的引进与应用，推动了太湖文化品牌的国际化发展进程。

环太湖世界级创新湖区的构建路径

加强区域协同机制建设

建立更加紧密的区域协同机制是环太湖世界级创新湖区构建的重要保障。一方面，需要加强地方政府之间的政策沟通和协作配合，共同制定区域发展规划和实施方案；另一方面，需要推动区域内企业、高校和科研机构之间的合作与交流，实现资源共享和优势互补。通过建立健全的区域协同机制，确保环太湖区域创新高地建设的整体性和协同性。

强化生态环境保护力度

生态环境保护是环太湖世界级创新湖区构建的重要前提。地方政府应坚持生态优先、绿色发展的理念，制定更加严格的环保标准和监管措施。加大对太湖周边污染源的治理力度，推进生态修复工程的建设和实施。鼓励企业采用绿色生产技术和管理模式，降低能耗和排放水平。通过一系列生态环境保护措施的实施，确保太湖生态环境的持续改善和优化。

优化人才发展环境

人才是环太湖世界级创新湖区构建的核心要素。为了吸引和留住高端人才，地方政府应出台更具吸引力的人才政策，包括提高薪酬待遇、改善生活配套、提供创新平台等方面。加强与国内外知名高校和科研机构的合作与交流，吸引更多优秀人才前来工作和生活。此外，还应注重本土人才的培养和引进工作，为区域内企业和科研机构提供充足的人才支持。

加大科技创新投入与支持

科技创新是推动环太湖世界级创新湖区构建的重要动力。地方政府应增加对科技创新的投入力度，支持企业、高校和科研机构开展关键技术研发和成果转化工作。建立健全科技创新服务体系和平台建设，为企业提供从研发到市场的全方位支持和服务。同时，鼓励企业加大研发投入和技术创新力度，提升自主创新能力和市场竞争力。通过一系列科技创新支持政策的实施和落地见效，推动环太湖区域科技创新能力的显著提升和科技成果的广泛应用。

太湖 黄佳摄

推动文化与旅游融合发展

文化与旅游的深度融合是环太湖世界级创新湖区构建的重要方向之一。地方政府应深入挖掘太湖文化的内涵和价值特点，将其与旅游产业相结合，打造具有太湖特色的文化旅游产品和项目。通过举办各类文化节庆活动，建设文化旅游景区和设施等方式，吸引国内外游客前来观光旅游，体验太湖文化的魅力所在。注重文化创意产业的培育和发展工作，为太湖文化的传承和创新注入新的活力。

发挥苏州引领作用

苏州，作为环太湖区域中地域面积最广、管辖水域面积最大且经济体量首屈一指的城市，在构筑世界级湖区创新高地的征途中，其地位无可替代，价值尤为凸显。苏州应深度挖掘并高效利用其经济繁荣、科技领先、文化底蕴深厚等优势资源，积极发挥其在区域内的引领与示范效应，引领环太湖世界级创新湖区建设迈向新高度，全面提升该区域的综合竞争力和国际影响力。

具体而言，苏州可采取多维度、深层次的策略推动湖区发展：一是构建多元化创新产业集群，聚焦信息技术、生物医药、高端制造等前沿领域，吸引全球创新资源汇聚，形成具有国际竞争力的产业集群；二是精心打造具有苏州特色的文化品牌项目，通过举办国际性的文化节、艺术展览、高端论坛等活动，展现苏州文化的独特魅力与深厚底蕴，提升城市文化软实力；三是搭建高端交流平台，定期举办行业峰会、创新研讨会等，促进国内外专家学者、企业领袖的交流与合作，激发创新灵感，共谋发展大计。

这些举措不仅将充分展示苏州在区域内的独特风采与实力，还将有效吸引更多国内外优质企业和高端人才前来投资兴业，共同参与环太湖世界级创新湖区的建设与发展，为区域注入强劲动力。同时，苏州的积极作为也将助力整个环太湖区域乃至全国的繁荣发展，提升国家在全球舞台上的竞争力和影响力，为中华民族的伟大复兴贡献更多苏州智慧和苏州力量。

环太湖世界级创新湖区品牌化对策

环太湖区域是一片创新创业热土。苏州作为环太湖城市圈的领头雁，在打造环太湖世界级创新湖区品牌的过程中，应充分借鉴旧金山湾区、纽约湾区、东京湾区、粤港澳大湾区、日内瓦湖区、华盛顿湖区等全球领先科创新区的成功经验，分析掌握世界级科创新区品牌建设的内在逻辑，梳理人才向科创新区集聚的关键诱因，认清苏州在整个环太湖区域中的短板及优势，围绕打造苏州环太湖世界级创新湖区品牌，进一步巩固和发挥苏州在环太湖科创版图中的引领地位。以下是从多个维度提出的苏州环太湖世界级创新湖区品牌建设路径。

明确品牌定位，构建战略框架

苏州环太湖区域应明确其世界级湖区创新高地的品牌定位，确立成为具有全球影响力和竞争力的科技创新高地的发展愿景。这一定位不仅要体现在经济发展的高度上，更要涵盖科技创新、生态环境、文化传承等多个方面，形成全方位、多层次的品牌形象。基于品牌定位，制定详细的品牌发展战略框架，明确品牌建设的阶段性目标和重点任务。战略框架应包括品牌塑造、品牌传播、品牌维护等关键环节,确保品牌建设的系统性和连续性。

集聚高端要素,打造创新生态

人才是创新的核心驱动力。苏州环太湖区域应加大高端人才引进力度,通过优化人才政策、提升生活配套、打造创新平台等措施,吸引国内外顶尖人才前来工作和生活。同时,加强与高校、科研院所的合作,共建研发机构,为人才引进提供有力支撑。充分利用苏州及环太湖区域的产业基础和创新资源,打造高端产业集群。重点发展智能制造、生物医药、新能源等战略性新兴产业,形成具有核心竞争力的创新产业集群。同时,推动传统产业转型升级,提升产业附加值和市场竞争力。加强创新生态体系建设,推动产学研用深度融合。通过建立创新联盟、共享实验室、技术转移中心等平台,促进创新资源的有效配置和高效利用。同时,优化创新环境,营造鼓励创新、宽容失败的良好氛围。

保护生态环境,彰显绿色品牌

苏州环太湖区域拥有丰富的自然生态资源,是品牌建设的重要基础。因此,必须强化生态保护意识,实施严格的环保标准和监管措施,确保太湖生态环境的持续改善。通过推进生态修复工程、加强环境监测和预警体系建设等措施,提升区域生态环境质量。依托良好的生态环境,大力发展绿色经济。推动绿色低碳产业发展,鼓励企业采用环保技术和清洁生产方式。同时,加强资源循环利用和节能减排工作,降低能源消耗和污染物排放,实现经济发展与环境保护的双赢。

太湖大桥　黄佳摄

传承文化底蕴，塑造文化品牌

深入挖掘太湖文化的丰富内涵和独特魅力，加强对历史文化遗产的保护和传承。通过举办文化节庆活动、建设文化展示平台等措施，提升太湖文化的知名度和影响力。同时，加强与国内外文化交流合作，引进先进文化理念和管理经验，推动太湖文化的创新发展。依托太湖文化资源，打造具有地方特色的文化品牌。重点发展文化旅游、文化创意等产业，推出具有市场竞争力的文化产品和服务。同时，加强品牌宣传和推广力度，提高文化品牌的知名度和美誉度。通过品牌化运作和市场化经营方式，推动太湖文化资源的有效转化和增值。

加强品牌传播，提升国际影响力

利用多种传播渠道和平台，加强苏州环太湖世界级创新湖区品牌的宣传推广。通过举办高端论坛、参加国际展会、开展海外营销等活动，提升品牌的国际知名度和影响力。同时，加强与国内外主流媒体的合作与交流，提高品牌报道的覆盖面和影响力。通过精心策划和组织实施各类品牌宣传活动，提升苏州环太湖世界级创新湖区品牌的整体形象和美誉度。注重品牌故事的讲述和传播方式的创新，以生动、有趣的形式展现品牌特色和价值主张。

实施动态管理，保障品牌持续发展

建立科学的品牌监测评估机制，定期对品牌建设情况进行跟踪分析和评估反馈。通过收集和分析相关数据与信息，及时发现问题和不足并采取有效措施加以改进和完善。同时，根据市场变化和消费者需求调整品牌策略和措施，以确保品牌建设的针对性和有效性。在品牌建设过程中要注重风险管理和危机应对能力的培养和提升。建立完善的风险预警和应对机制，及时发现和化解潜在的风险和危机因素。同时，加强与政府、行业协会等相关部门的沟通协调和合作联动，形成品牌保护的强大合力，共同维护品牌声誉和形象不受损害。

苏州环太湖世界级湖区创新高地的品牌建设是一项长期而艰巨的任务，需要政府、企业和社会各界的共同努力和支持配合。未来通过多方面的努力和实践，能够发挥苏州在中国乃至全球科技创新和可持续发展方面的积极作用，引领推动环太湖区域成为具有全球影响力和竞争力的世界级湖区。

吴文化发祥地
江南文化核心区

月落乌啼霜满天，江枫渔火对愁眠。

姑苏城外寒山寺，夜半钟声到客船。

——〔唐〕张继《枫桥夜泊》

苏州，别名姑苏，又称吴，是吴文化的发祥地。

关于姑苏的来历，传说当年大禹治水的时候，他有个助手叫胥，胥给予大禹不少帮助。大禹治水成功后，便将太湖边一块土地赏给胥作封地，所以这里被称为胥。吴方言中"胥"和"苏"同音，苏州人讲话又凡事喜欢加个"姑"字，因此，这个地方就被叫作姑胥、姑苏。胥，也许就是胥口当地人，现在西山衙角里村还有一座禹王庙，就是为了纪念大禹在太湖治水，造福百姓的功绩而修建的。当然，胥口、胥门和胥江名称的由来，却是和另一位叫胥的人有关，他就是阖闾大城的建设者伍子胥。

实际上，在隋朝开皇九年（589），隋灭陈，吴州就改名为苏州。此后，苏州这个名字就一直流传至今。至于把苏州称作"姑苏"，恐怕是唐代诗人张继开了先河，他《枫桥夜泊》中一句"姑苏城外寒山寺，夜半钟声到客船"，传颂千年，广播九州。接着，杜荀鹤《送人游吴》又进一步强化了姑苏意识："君到姑苏见，人家尽枕河。古宫闲地少，水港小桥多。"而现代人知道苏州有"姑苏"这个名头可能要归功于金庸先生，在他的经典武侠小说《天龙八部》中，风流倜傥的姑苏慕容复依仗神奇的"以彼之道，还施彼身"的绝技名满江湖，而花容月貌、手无缚鸡之力的苏州姑娘王语嫣却精通各门派武功秘籍，令各路豪杰闻风丧胆，这让"姑苏"的名字家喻户晓、深入人心。前几年苏州市区规划调整时，把老城区的沧浪区、金阊区、平江区三区合并为姑苏区，可见苏州的领导还是有历史感和文化情怀的。

为什么说苏州是吴文化的发祥地呢

这就要说到吴与苏州的关系了。据司马迁《史记·吴太伯世家》记载："吴太伯，太伯弟仲雍，皆周太王之子，而王季历之兄也。季历贤，而有圣子昌，太王欲立季历以及昌，于是太伯、仲雍二人乃奔荆蛮，文身断发，示不可用，以避季历。季历果立，是为王季，而昌为文王。太伯之奔荆蛮，自号勾吴。荆蛮义之，从而归之千余家，立为吴太伯。"这就是历史上著名的"泰伯奔吴"的美谈。

那么，泰伯奔的"吴"到底在哪里呢？考古学界比较一致的意见就是在现在的无锡梅村。2008年9月10日举行的无锡阖闾城遗址专家论证会上，国家文物局考古专家组组长黄景略代表专家组在无锡宣布，无锡阖闾城遗址可初步认定为公元前515年至公元前496年之间春秋吴王阖闾的都城。阖闾城始建于周敬王六年（前514），距今有2500多年历史。阖闾城遗址，位于江苏省无锡市滨湖区胡埭镇湖山村和常州市武进区雪堰镇城里村之间，面积约2.94平方千米。城址呈长方形，城中段有残存城墙相隔，形成东、西两个方形城区。东城较小，在无锡境内。西城较大，大部分在常州境内。遗址出土有新石器时代的夹砂陶、红陶和西周至春秋时期流行的曲折纹、回纹、菱形填线纹等几何形残陶片，为研究春秋晚期吴国历史文化提供了宝贵资料。2013年5月，阖闾城遗址被国务院公布为第七批全国重点文物保护单位。

春秋战国时期，诸侯国的国都因战乱、天灾等经常迁徙，吴国自然也不例外。经考古调查的吴国古城就有8处，此外还有文献记载但至今尚未发现的镇江朱方城。这些吴都的分布，也大概勾勒出吴国的幅员，以江苏、浙江、安徽的江南地区为主，以太湖流域为核心。

吴国后期为什么会迁都苏州呢

　　吴国从泰伯奔吴到公元前473年灭亡，历经25位君主，共600多年。吴国的前500多年一直都默默无闻，一直到寿梦时才开始强大起来。寿梦有4个儿子，诸樊、馀祭、馀昧、季札，前3个儿子相继即位，四子季札无心王位，屡辞不受。后来馀昧病故，其儿子僚即位，即吴王僚。诸樊的儿子公子光心有不甘，认为自己作为长孙应当继位，于是，在公元前515年派专诸刺杀僚而自立，即为吴王阖闾。阖闾执政后，重用楚旧臣伍子胥为相，齐人孙武为将军，确定先破强楚，再服越国的争霸方略。伍子胥在吴中之地"相土尝水，象天法地"，充分考察了地理和水文条件，认为太湖东岸的丘陵和平原之间适合建设新都：西面有湖泊、丘陵为屏障，可以阻滞楚国进军，且能为筑城提供大量石料。吴中平原沃野、鱼米之乡、物产丰盈，是绝佳的大后方。于是，伍子胥为吴王构筑了新的都城，为阖闾的扩张奠定了基础。至今，苏州古城还有一个城门叫"胥门"，并矗立着一尊伍子胥的雕像。新都包括大小两城，阖闾大城周长近20千米，作为卫城的阖闾小城周长约4千米，在太湖北岸无锡、常州交界处，这可能是故都的原址。这就很好地诠释了苏州、无锡、常州在吴文化发展史上的联系。

　　阖闾在位期间广罗人才，任用贤能，发展生产，整治军队，"称霸兴王"，把吴国的国力提升到了一个新的水平。史籍上称赞阖闾："口不贪嘉味，耳不乐逸声，目不淫于色，身不怀于安。"公元前506年，孙武、伍子

虎丘剑池　马耀明摄

胥率领吴军从淮水流域西征攻，五战五胜，攻克楚国都城郢都，迫使楚昭王出逃。吴国鼎盛时灭亡淮夷、徐夷、州来、巢、钟离、钟吾、邗等一众东夷之国和楚国属国，成为东南霸主。吴国还曾击败郯、胡、沈、陈、许、蔡、顿、鲁，夫椒之战南征服越，艾陵之战北征败齐，黄池之会会盟晋，国土一时扩张到长江中游和淮河以北地区。公元前496年，吴王阖闾在与越国的槜李之战中，受伤而死，葬于虎丘山。其子吴王夫差为营造阖闾墓，征调10万民工，穿土凿池，积壤为丘，历时3年竣工。因阖闾爱剑，下葬时以"专诸""鱼肠"等名剑3000柄殉葬。陵墓上方为清泉一泓，深可二丈，峭壁如削，景色幽深。相传秦始皇和东吴孙权都曾派人来此凿石求剑，但无所获，唯凿处成为深池，故称剑池。

夫差后来为报父仇，于公元前494年打败越国，越王勾践俯首称臣。为了表示忠诚，勾践亲自来吴国服侍吴王，还献上了越国的美女西施，灵岩山上的馆娃宫，就是夫差为西施修建的行宫。3年后，勾践获释回国，卧薪尝胆、励精图治、忍辱负重；后于公元前473年伐吴，夫差兵败自刎，吴国灭亡。在苏州，人们对血腥的吴越争霸已经淡然了，只传说着范蠡、西施泛舟太湖的软玉温香。

吴国在阖闾时代之所以能称霸一时，是因为有最杰出的军事家孙武，拥有伍子胥建造的坚固城池和一支强大的水军，以及领先各诸侯国的铸剑技术。苏州古城有两条主干道分别被命名为干将路、莫邪路，就是为纪念铸造了雌雄双剑的一代铸剑大师。吴钩可能是冷兵器时代最锋利的武器，李白在《侠客行》中描述："赵客缦胡缨，吴钩霜雪明。银鞍照白马，飒沓如流星。十步杀一人，千里不留行。事了拂衣去，深藏身与名。"吴国从无锡建都，在苏州发展壮大，前后绵延600余年，后世便将这一时期的文化称为"吴文化"。春秋吴国所表现出来的开放包容、顺势而为、积极进取、精益求精的精神，一直流传至今，成为江南文化的核心价值。所以说，无锡是吴文化的起点，而苏州则是吴文化的发祥地。

为什么说苏州又是江南文化核心区呢

首先，从地理上来看，苏州是江南的核心区。"江南"是一个不断变化的区域概念，其范围有"泛江南""大江南""中江南""小江南"等说法。"泛江南"是以自然地理方位为划分依据，通常指长江以南地区，包括长江中下游广大区域。"大江南"是气象学概念，即长江至南岭间所包含的湖北、湖南、江西、浙江、安徽、江苏、上海和福建北部（从南岭向东延伸）等地。"小江南"通常是历史学界公认的"八府一州"，即明清时的苏、松、常、镇、宁、杭、嘉、湖八府及太仓州，即江南"腹心"，苏州所在的太湖流域是"小江南"的核心。

其次，从文化源头来看，吴越文化是江南文化的主体。众所周知，黄河文明和长江文明是中华文明的两个主要源头，长江文明上游是巴蜀文化，中游是荆楚文化，下游则是吴越文化，吴越文化是江南文化的第一个源头。

太湖中的三山岛发现了1万多年前的旧石器时代晚期遗址，表明至少从那时起吴先民已在本区域生息繁衍。阳澄湖畔的草鞋山遗址堆积有10个文化层，第十文化层距今6800—6700年，那时的先民们已过着定居生活，住在木结构的建筑里，从事渔业和农业生产，已大量种植经人工栽培的粳稻，已饲养猪、狗、水牛等家畜。由获得的3块纺织品残片可知，当时织造技术已相当发达，图案艺术相当高超，操作工艺相当精湛。吴兴钱三漾遗址出土的绢片丝带表明，5000年前吴地已经开始养育家蚕，缫丝、织丝技术遥遥领先于全国乃至全世界。而距今5000—4000年的良渚文化的玉器，不仅表现了吴越先民的精湛技艺、生产水平，且对中华民族从思想观念、社会制度、民族性格乃至建筑风格、审美情趣等许多方面，均产生了重大的影响。

泰伯奔吴后，把宁镇、太湖两区域的先民联结起来，建立"勾吴"。它在传承良渚文化的基础上，交融了北方中原文化、西面的楚文化与南面的越文化，创造出了独特的吴文化。吴地先民因逐水而居，鱼食稻饭，以水文化为根基衍生出鱼文化、稻文化、蚕桑文化和船文化，江南人表现出"灵秀、细腻、柔和、精巧、素雅"的性格特征，突出表现为柔软的一面。同时，在征服江河湖海的过程中，江南人又养成积极进取、坚韧不拔的品性，又表现出刚性的一面。在吴越争霸时期，"江南民众好勇外拓"，刺客专诸、侠士要离，洋溢着一股浓烈的尚武精神，这是江南文化的"尚武时代"。

中原文化促进了江南文化的转型。秦统一中国后，开始大规模移民江南，中原文化随之扩散到江南。自西晋末中国社会进入大融合时代，江南地区凭借着安定的环境、秀美的山水、富足的经济、充盈的生活而吸引着北方富室大户、达官贵人、知识阶层不断迁入，推动江南文化在唐宋时期进入雅致温润、文意倜傥的"崇文时代"。明清时期，苏州成为"最是红尘中一二等富贵风流之地"，江南文化从此步入"重商时代"，江南望族也从过去耕读传家演变为士商一体了。

由于商业的高度发达，苏州的市民文化快速崛起。苏州人冯梦龙纂辑的"三言"（即《喻世明言》《警世通言》《醒世恒言》），乌程人凌濛初整理编写"二拍"（即《初刻拍案惊奇》《二刻拍案惊奇》），浙江兰溪人李渔写作《十二楼》等一批小说，畅销一时。冯梦龙，号吴下词奴，以才学与兄冯梦桂、弟冯梦熊并称"吴下三冯"。2015年9月，苏州相城区黄埭镇的冯梦龙故居修复后正式对外开放，苏州市民又多了一个"打卡"的文化地标。

江南文化重视人的价值，重视人性的自由发展，重视展现人的才华，重视满足普通百姓的物质与精神需求，这是中国传统文化中自管子、墨子、荀子直到南宋陈亮、叶适等人所主张的重视民生日用、重视实用实效的实学精神的弘扬，是中原文化对江南文化的丰富和发展。可以说，江南文化因吸收中原文化而成长，中原文化构成了江南文化的第二个源头。

欧美现代文明丰富了江南文化，促使相对内向的江南文化融合了开放的海洋文化。鸦片战争以来，江南地区最早接受"欧风美雨"的洗礼。清道光二十年（1840）之后，根据《南京条约》和《五口通商章程》的规定，上海正式开埠。从此，外商纷纷涌进长江门户，开设行栈，设立码头，划定租界，开办银行，上海从一个海边县城很快跃升为江南地区首位城市。欧美发达国家的工业文明、科学技术、文化教育、宗教信仰通过上海源源不断地输入到江南地区。清光绪二十六年（1900），上海人口超过100万，跃升为中国最大城市。1935年，上海人口超过370万，为世界第五大城市，与伦敦、纽约、东京、柏林并驾齐驱。中西文化在冲突中融合，在融合中创新，江南文化不断汲取海洋文化的精华而演进。

上海的城市文化至少在以下几个方面推动着江南文化的现代化：一是独立性，凸显自主的现代人格。个人高度独立，相对自由，既没有传统乡村士绅的道德约束，也没有社会基层组织的强制管辖。二是务实性，理直气壮地经商谋利，坦然自得地享受生活。三是自主性，淡化家世背景，重视个人能力。四是竞争性，勇于创新，敢于冒险。五是契约性，法治意识强，诚实守信。近代上海是中国最早实行律师制度的城市，也是律师比例最高的城市。公共租界里存在近60年的领事公堂，其实质是以工部局为被告的行政法庭，从其有案可稽的55例重要案件的审理结果看，以工部局败诉为多。即使在华人的会馆公所、商会等团体中，也有较为严格的依法行事的规章制度。从晚清时期开始，上海人已形成遇事通过法律解决的传统。重法治、重契约、重信用，是上海人的一大特征，是他们长期受到法治约束、熏陶的结果，这是上海为江南文化注入的最重要的现代基因。由此可见，西方现代文明是江南文化的第三个源头。

至此，我们可以清晰地看到江南文化的三个源头，一是吴地文化，二是中原文化，三是海洋文化。如果说太湖代表吴地本土文化的灵秀，运河则代表中原文化的厚重，长江则体现海洋文化的奔腾。心理学家荣格说："一切文化最终都会沉淀为人格，对人类各民族而言，更重要的是集体人格。"从"吴越江南"的尚武，到"古典江南"的崇文，从"近代江南"的重商，到"现代江南"的精工，最终沉淀成具有包容性、灵活性、务实性、多元性、开放性、创造性的集体人格，也就构成了江南文化的独特内涵。

江南文化从空间、发育、内涵三个不同维度表现为"四圈三源六性"的独特形态，她是植根于吴越太湖江河文化、融会中原农耕文化、吸纳西方现代文化的"和合文化"。

一座城市是否为江南文化的核心和代表，还需要考察她是否体现了江南文化的特征。居易教授提炼江南文化的显著特征为：以敬重自然承传江南文化的"天人合一"，以千年古城彰显江南文化的宜居理念，以商业贸易演绎江南文化的城市文明，以家居美食展示江南文化的精致生活，以功名意识

"最后傲狗"

在吴文化博物馆的"考古探□陈列展区精心保存了大量珍□，其中尤为引人注目的是一□自10000多年前三山岛的哺乳□化石，它们静静地诉说着那□远时代的生命故事，观众们□近距离接触并感受这份来自□的震撼。在这些化石中，有一□引人注目的展品，其质地洁□玉，异常坚硬，即便历经万年□其边缘依旧保持着惊人的□度。这块化石被命名为"最后□，展示了史前生物的形态特□过这些化石，我们得以窥见□太湖流域的自然风貌与生命□以及吴文化乃至整个中华□原远流长的根基所在。

传承江南文化的创业精神，以开放合作延续江南文化的创新引领。从文化的结构分析，外层的"小桥流水人家"的古典精巧建筑，中层的"翡翠黄金缕，绣成歌舞衣"的精致生活，内层的"崇文重教、精工雅致"的价值追求，构成了江南文化最显著的标识。

唐代诗人白居易写道："江南好，风景旧曾谙。日出江花红胜火，春来江水绿如蓝。能不忆江南？"这里的江南并没有具体指向哪个地方，白居易的江南三部曲的第二首就指向了杭州："江南忆，最忆是杭州。山寺月中寻桂子，郡亭枕上看潮头。何日更重游？"接着，第三首诗就写到了苏州："江南忆，其次忆吴宫。吴酒一杯春竹叶，吴娃双舞醉芙蓉。早晚复相逢？"为什么诗人先忆杭州次忆苏州呢？是诗人觉得杭州比苏州更江南吗？答案是否定的，因为白居易于唐长庆二年（822）到杭州担任刺史，唐宝历元年（825）才到苏州担任刺史。先忆杭州次忆苏州就理所当然了。看来，在白居易的眼中苏州、杭州都最江南。到了南宋，民间又传诵"上有天堂，下有苏杭"。可见，天堂苏杭都是江南文化杰出的代表。如果非要在两个城市中选一个最江南的城市，我当然还是选苏州。

理由之一

从自然环境来看，苏州是江南水乡风貌最有代表性的城市。长江、太湖和杭州湾是江南水网的三大骨干，苏州面积8488平方千米，水域面积3608平方千米，占全市总面积的42.5%。最著名的湖泊有西边的太湖和漕湖，东边的淀山湖和澄湖，北边的昆承湖，中间的阳澄湖、金鸡湖、独墅湖。按照总体规划，阳澄湖重点发展文旅休闲产业，金鸡湖发展先进制造业和高端商务，独墅湖为科教创新区，于是，就流传着"金鸡湖畔搞

苏州水下考古发掘

独墅湖自1974年至2003年先后多次进行围垦、取土、□，于湖底发现古井、古街古村落、古河道遗址。其中多达600余口。这些遗址的跨度，从5500多年前的崧泽化时期一直延续到800多年北宋时期。金鸡湖2003年年在抽干湖水清淤时，于发现一条古河道，长3.6千宽约150米。黄天荡1974年时，于湖底发现古井。淀山苏州昆山与上海青浦之间界湖，湖下发现一个几千年古村落，收集到100多种石动物化石，以及古代先民生活用具等。

经济，阳澄湖畔好养生，独墅湖畔好读书"的说法。

苏州城内又有山塘河、平江河、十全河、桃花坞河、平门河等构成星罗棋布的水网，人们吃穿住行游都离不开水。城市街巷规划遵从"水陆相邻、前街后河"的布局，实现了建筑、人、水三者的融合。苏州古城河街并行，路名和河名通常相同，如干将路、干将河，临顿路、临顿河，山塘街、山塘河，人与水与城共生共荣。苏州是京杭大运河沿线30个城市中唯一以"古城概念"申遗的城市。而苏州古城河，作为大运河的组成部分，犹如玉带一般环绕着美丽的古城。2015年12月，苏州环古城河健身步道全线贯通，全长16千米，串起了相门、蛇门、盘门、胥门、阊门、平门、齐门、娄门8座历史厚重的城门。沿线设置健身小广场10个、健身路径14处、体育文化标识宣传牌280块，该项目被列为2015年苏州十大民心工

阳光微风中的平江路　王亭川摄

周庄清晨　蒋涛摄

程榜首。大运河苏州段已修建从鹿山到吴中的步道19千米，大运河步道与环古城步道连通，这在全国的城市中是独一无二的。

理由之二

苏州古城呈现"水陆并行"的双棋盘格局，为江南唯一能够体现水乡风貌的城市。"三纵三横一环"的河道水系和小桥流水、粉墙黛瓦、古迹名园的独特风貌，在全国独一无二。难能可贵的是，14.2平方千米的古城区严格限高，偶有5层的房子，而没有一幢10层以上的高楼。改革开放40多年来，苏州一直牢牢坚守这条天际线，北寺塔、瑞光塔、双塔以及虎丘塔之间的视觉廊道得以控制。古城在视觉上真正成为"downtown（市中心）"，而东边的工业园区、西边的高新区、北部的相城区、南部的吴中区却是高楼林立，苏州整体上形成一幅古典与现代交相辉映的独特城市景观。

苏州古城的古迹密度在中国仅次于北京和西安，列全国第三位。苏州古城和苏州园林分别为世界文化遗产和世界非物质文化遗产，"双遗产"集于一身的城市绝无仅有。苏州文庙珍藏的《平江图》，尽显南宋时期河网密布的古城风貌；展开清代的《姑苏繁华图》长卷，"商贾辐辏，百货骈阗"的市井风情映入眼帘；著名史学家顾颉刚先生认为苏州是中国第一古城，至今保留了中国城市最完整的脉络肌理，是江南文化的核心载体。

震泽古镇　李林祥摄

苏州古城东北隅的平江历史文化街区是苏州迄今保存最完整、规模最大的历史街区，堪称苏州古城的缩影。平江历史文化街区仍然基本保持着"水陆并行、河街相邻"双棋盘格局以及小桥流水、粉墙黛瓦独特风貌，并积淀了极为丰富的历史遗存和人文景观。其中，有世界文化遗产耦园（亚太世界遗产培训与研究中心）、人类口述和非物质文化遗产代表作昆曲展示区——中国昆曲博物馆、省市级文物古迹100多处，城墙、河道、桥梁、街巷、民居、园林、会馆、寺观、古井、古树、牌坊等100多处古代城市景观，成为传承江南文脉、展现江南生活的重要物质载体。秉持"城区即景区、旅游即生活"的理念，平江历史文化街区实现生活、文化、商业、旅游、社区良性互动与和谐相融，是大运河遗产活化利用的"城市会客厅"。习近平总书记2023年7月考察苏州平江历史文化街区时说："住在这里很有福气，古色古香，到处都是古迹、到处都是名胜、到处都是文化。"

古城之外，是水乡古镇。走进苏州的古镇，仿佛就走进了一幅细腻的江南水墨画。周庄、同里、甪直等古镇保存着完好的水乡古镇风貌和历史文化遗存。这些古镇依水而建，小桥流水人家，每一处都透露出浓厚的水乡气息。水乡古镇，不可缺少的还有桥。苏州究竟有多少座桥？唐代诗人白居易曾说过"绿浪东西南北水，红栏三百九十桥"。烟雨时节来苏州的水乡古镇，坐着摇橹船，穿越一座座建于唐宋元明清不同时代的古桥，在水墨江南的青砖黑瓦间，你不由自主地就会浅唱低吟起《声声慢》："青砖伴瓦漆，白马踏新泥，山花蕉叶暮色丛染红巾，屋檐洒雨滴，炊烟袅袅起，蹉跎辗转宛然的你在哪里？"

苏州是中国世界文化遗产点最多的城市，苏州古典园林和中国大运河苏州段是2项世界物质文化遗产。拙政园、留园、狮子林、网师园、沧浪亭、耦园、环秀山庄、艺圃、退思园9座古典园林，山塘河、上塘河、胥江、环古城河4个河道以及山塘历史文化街区、虎丘云岩寺塔、平江历史文化街区、全晋会馆、盘门、宝带桥、吴江古纤道7个景点像珍珠项链一样环绕古城。世界非物质文化遗产有7项，分别是昆曲、古琴、苏州端午习俗、苏州宋锦、苏州缂丝、苏州香山帮、苏州碧螺春制作技艺。此外，苏州还拥有近现代中国苏州丝绸档案1项世界记忆遗产。因此，苏州被联合国教科文组织称为"手工艺和民间艺术之都"。2018年，苏州被授予"世界遗产典范城市"称号，这也是世界遗产城市组织首次给会员城市颁发"典范城市"称号。苏州城内有园林之美，外有山水之胜，自然人文景观交相辉映，加之文人墨客题咏吟唱，使苏州成为名副其实的"人间天堂"。古城、古镇、古运河、太湖这"三古一湖"，可以说是江南自然历史景观的精华。

理由之三

苏式精致生活，是江南文化的重要体现。苏州人衣有丝绸，居有园林，食有苏味，声有昆曲。苏州是丝绸的故乡，蚕桑地、养蚕里、织里、锦帆泾等地名保留至今。两宋时期，苏州、杭州、成都为当时闻名全国的三大织锦院。苏州的宋锦最为著名，明初在苏州设织染局，局址在天心桥东，内府司礼监有苏杭织造太监一员，专司苏杭织造，派驻苏州。万历年间，税监孙隆仗势横行，激起民变，机匠葛成率众反抗，名动江南。在苏州山塘街五人墓侧有葛贤墓，葛贤与另外五位壮士被合称为"六义士"。

有了丝绸的加持，苏州服饰在明清时一直引领时尚。明代江西人章潢曾称赞道："且夫吴者，四方之所观赴也。吴有服而华，四方慕而服之，非是则以为弗文也；吴有器而美，四方慕而御之，非是则以为弗珍也。服之用弥博，而吴益工于服；器之用弥广，而吴益精于器。是天下之俗，皆以吴侈，而天下之财皆以吴啬也。"在审美情趣方面，苏州独立潮头。张岱也说："且吾浙人极无主见，苏人所尚，极力摹仿。如一巾帻，忽高忽低；如一袍袖，忽大忽小。苏人巾高袖大，浙人效之；俗尚未遍，而苏人巾又变低，袖又变小矣。故苏人常笑吾浙人为'赶不着'，诚哉其赶不着也！""赶不着"三字，生动地描绘出苏州风尚在江南文化圈中遥遥领先的地位。

苏绣初为服饰，后也渐成为专门的艺术形式。明代苏绣已成为苏州地区一项普遍的家庭手工业，形成了"家家养蚕，户户刺绣"的盛况。以唐寅、沈周为代表的吴门画派兴起后，大大提升了刺绣作品的艺术水准。绣娘结合绘画作品进行创作，所绣作品栩栩如生，笔墨韵味淋漓尽致，绣娘技艺有"以针作画""巧夺天工"之称。自此，苏绣与书画艺术媲美争艳，从技术升华为艺术。清中后期，苏绣在绣制技术上有了进一步发展，出现了精美的"双面绣"。近代，苏州绣娘沈云芝借鉴西洋油画技法新创了"仿真绣"。清光绪三十年（1904），慈禧七十寿辰，沈云芝绣了佛像等八幅作品祝寿，慈禧倍加赞赏，亲笔书写"寿""福"两字，分赐给沈云芝和她的丈夫余觉，从此沈云芝改名沈寿。之后，在她的倡导下，江苏的苏州、南通、丹阳、无锡等地分别建立了传习所、绣工科、绣工会等，为苏绣培养了一代又一代传承人。

苏绣具有图案秀丽、构思巧妙、绣工细致、针法活泼、色彩清雅的独特风格，位列中国四大名绣——苏、蜀、湘、粤之首。绣品具有平、齐、细、密、和、光、顺、匀的特点。苏绣常用针法有齐针、散套、施针、虚实针、乱针、打点、戳纱、接针、滚针、打子、擞扣针、集套、正抢、反抢四五十种。苏绣的艺术价值主要表现在苏绣技艺之精湛，绣娘以针代笔、以线代色绣出作品，由于丝光的艺术效果，绣品上的书画图案显得更加鲜活生动。苏绣艺术家能运用劈丝技术，即将一根丝线劈成四十八分之一或更细，将金鱼的尾巴和猫的眼睛这样细致的图案绣得栩栩如生。无论是表现山水、花鸟、动物还是人物，精湛的苏绣技艺都能使之达到栩栩如生的境界。有人评价苏绣作品"山水能分远近之趣，楼阁具现深邃之体，人物能有瞻眺生动之情，花鸟能报绰约亲昵之态"。今天，2万多人的苏绣小镇活跃着"四百绣庄，八千绣娘"，还有5000多人从事刺绣相关行业。绣品街与绣馆街两条姊妹街在中国刺绣艺术馆交会，代表着苏州乃至全国苏绣最高水平。2006年5月，苏绣被列入第一批国家级非物质文化遗产代表性项目名录。

苏州人居有园林。古典园林是传统士大夫诗意栖居的最理想环境，"江南园林甲天下，苏州园林甲江南"。苏州最早的园林，可以从春秋时期吴王夫差为西施而兴建的馆娃宫算起。皇家园林、官署园林、寺庙园林，就像三条支流，汇聚起来形成了宋代以后文人写意山水园林。以真实山水为蓝本，融入中国画的艺术表现手法，是苏州古典园林的一大特色。山为骨，水为脉，花木是毛发，建筑是眉眼，园林成为一个有机的整体，是有意境的活泼泼的存在。始建于北宋的沧浪亭可以说是现存最早的文人园林，因力主革新而被罢官的苏舜钦，将沧浪亭作为自己的隐居之地。"清风明月本无价，近水远山皆有情。"写下《浮生六记》的清末文人沈复与芸娘就在沧浪亭演绎了最雅致的苏式生活，沈复笔下的芸娘熟诗书、通音律、精烹饪、性温婉，一分机智、二分天真、三分文秀、四分体贴，是每一个男人的梦中情人。多年之后，有一个文艺青年按图索骥，他搜遍沧浪的亭台楼阁，探寻苏州的大街小巷，沧浪之水悠悠，山林野趣依旧，他却没有寻到梦中的芸娘，怅然离去，留下一句遗憾："芸，我想，是中国文学上一个最可爱的女人。"他，就是林语堂。园林不只是梦中的天地，更是中国文人的精神家园。园林主人们隐逸在园林艺术世界里，他们修身养性，体现了中国人"内求"的生活态度和生存智慧。

1997年和2000年，苏州先后有两批共9座园林列入《世界遗产名录》。联合国教科文组织世界遗产委员会评价道，

可园　傅静中摄

没有任何地方比历史名城苏州的9座园林更能体现中国古典园林设计"咫尺之内再造乾坤"的理想，苏州园林被公认是实现这一设计思想的杰作。所谓"虽由人作，宛自天开"，纳须弥于芥子，园林虽小，意境却大。1992年，李光耀先生之所以最终决定在苏州建设中新工业园区，除了其他的有利因素外，他发现苏州园林的低调内敛、小巧玲珑、包罗万象、天人合一的文化内涵，与新加坡所追求的价值观不谋而合，传统古典园林与现代工业强国跨时空地交融在一起。这就是文化的魅力。

住园林，就不能不听昆曲。昆曲《牡丹亭》里有句"不到园林，怎知春色如许"。园林与昆曲，你中有我，我中有你。可以说园林是固态的昆曲，昆曲是律动的园林。怡园的坡仙琴馆，留园的东山丝竹戏厅，沧浪亭的藕花水榭，鹤园的扇厅和四面厅，都是拍曲清唱之所。园林里的昆曲声，一唱数百年。赫赫有名的拙政园，也是个听昆曲的好去处。拙政园的西部，过去名补园，里面有座三十六鸳鸯馆，上有卷棚顶，弧形顶棚形成空灵音色，余音袅袅，绕梁萦回。下有与故宫相仿的地龙，冬日厅外生火，厅内赏曲则暖气源源不断，加上地下留空，念白清唱渡水越空，缥缈不尽。

2021年，古城居民发现，自家小区附近多出了口袋公园，有绿意葱茏的经贸大厦口袋公园、历史文化气息浓厚的革命博物馆口袋公园、蕴含江南古韵气质的道前街滨河绿地口袋公园等。这是苏州充分利用城市零星地、边角地、空闲地新建或改建的口袋公园，实实在在优化了城市空间，提升了居民生活质量，使苏州真正成为一座现代园林城市。时至今日，苏州正在打造"百园之城"，有108座园林先后入选了苏州园林名录，苏州成为当之无愧的园林之城。在这里，精雅的园林生活与舒适宜人的苏式生活互为滋养，可以说苏州养育了园林，园林也反哺了苏州，两者的相互浸润和融合，成就了中国文化中颇具东方情韵的景观。园林，是士大夫入世的起点，又是士大夫退隐的归宿。生活艺术化，艺术生活化，这就是苏式生活的本意。

食有苏味，苏州人讲究"不时不食"。江南物产丰盈，食材繁多，天时地利让苏州人得时令之鲜，正所谓"春尝头鲜，夏吃清淡，秋品风味，冬食滋补"，代代相传，便成了"不时不食"的共识。苏州人的心中好像有一本美食日历，大自然掐好了日子，每到特定时节，都慷慨地供应特有的食材。"春天里，最是鳜鱼肥"，"明前一粒螺，赛过一只鹅"，"秋风起，蟹脚痒"。近代国学大师章太炎的夫人汤国梨曾赋："故乡虽好不归去，客里西风两鬓秋。不是阳澄湖蟹好，人生何必住苏州。"陆文夫在《姑苏菜艺》里写道："头刀或二刀的韭菜、青蚕豆、鲜笋、菜花甲鱼、太湖莼菜、马兰头……四时八节都有其时菜，如果有哪种时菜没有吃上，那老太太或老先生便要叹息，好像今年的日子过得有点不顺畅，总是缺了点什么东西。"

苏州菜集民、商、官、船、寺诸菜之大成，形成了具有浓郁地方特色的菜系。明代韩奕《易牙遗意》中记载的苏式菜已经达150多种，炸、熘、爆、炒、炖、焖、煨、焐八大烹调手法兼容并蓄，尤其注重炖、焖、煨、焐。讲究"浓不鞔胃，淡不槁舌"，与今日苏味"肥而不腻，清而不淡"的风格一脉相承。

苏州船菜可以说是苏味中非常有水乡特色的一个流派，自唐代白居易开通山塘河之后，载酒泛舟之风日盛。船内备有河鲜海味、山珍野蔌，"艄舱有灶，酒茗肴馔，任客所指"。《吴中食谱》记载："苏州船菜，驰名遐迩，妙在各有真味，而尤以点心为最佳，粉食皆制成桃子、佛手状，以玫瑰、夹沙、薄荷、水晶为最多。"苏州船点有甜、咸和甜咸三种，以糯、粳各半的"五五"相粉为主要原料制成，被人们誉为苏州面点的"皇后"。

说到苏州的美食馆所，很多人可能会首推松鹤楼、得月楼、朱鸿兴、黄天源、稻香村、采芝斋。藏身拙政园对面弄堂里的吴门人家，居然和故宫博物院的专家合作，复活了苏州织造官府菜——32道热菜的"苏宴"，这是苏味的另一个流派，即"官菜"。清代康熙、乾隆皇帝频频南巡，苏州织造府多次成为皇帝的驻跸之地，筵宴规模和烹饪技术水平之高，把苏帮菜的制作技艺推向了顶峰。苏州织造官府菜，集苏州民间佳肴、汇缙绅之家精到制作技艺而成，具有选料讲究、刀工精细、注重火功、追求精美、食用有方等特点，有四大系列，包括汤羹、冷菜、炒菜和热菜。选料讲究产地、品种、节令、鲜活、大小、部位等。植物菜要新鲜，动物菜要生猛。蟹必选阳澄湖大闸蟹，银鱼必选太湖所产。鸭子以娄江麻鸭为上，白菜以胶东白菜为好。"南荡鸡头北荡藕"，吴门桥虾为最上。从选料、刀工、火候再到雕刻、器具、摆设，可以说每个步骤、每个环节都精雕细琢。

其实，任何地方菜对食材、刀工、火候和调味都非常重视，只不过相比之下，苏帮菜几乎到了苛刻的地步。"豆芽嵌肉"的细腻功夫，几乎可以与苏绣媲美。"莲藕鸡头米"，是把鸡头米炒熟盛在莲藕做成的碗里，配以荷叶和"仙鹤"摆盘。"仙鹤"是用带鱼和鳌鱼的骨头、刺穿搭而成。荷叶、鸡头米、莲藕这样的组合已经美不胜收，再加上张翅欲飞的仙鹤，你是不是有种飘飘欲仙的感觉？

苏味素以淡、精、雅、鲜享誉全国，又融合了吴门医派的养生理念，医食同源，所以受到日益注重健康的人群的喜爱。苏糕、苏点、苏菜、苏面、苏茶，这些都是苏味的组成部分。苏州菜做法的精细复杂、吃法的多样和考究，与苏州人精细、精致的性格相得益彰。陆文夫《美食家》中刻画的主人公朱自冶，可以说是一位吃到极致的美食家。苏州人对于"食"的态度，不只是"会"，更是"考究"，而这种考究正是苏式美食的魅力所在。

所有考究的东西都是好东西，明清时，最好的东西当然要献给皇帝享用。明清两代的紫禁城，从自然景观到人文环境，都浸润着苏州文化元素。紫禁城是苏州工匠蒯祥设计建造的；皇家建筑用苏州金砖、玲珑的太湖石、精美的玉雕山景；宫廷殿堂使用苏作家具，墙壁贴着吴门画派的山水画，屋顶挂着苏州花灯，桌上摆着苏州钟表，衣饰、床帐、铺垫为苏州刺绣、吴罗、宋锦等织绣；皇室享用的绣品，多数出于苏绣名艺人之

艺圃果冻池　廖伟民摄

手；苏式南味食品成为宫廷饮食的重要组成部分；连皇帝、后妃生病，也会请苏州名医施诊。康熙、乾隆皇帝各先后6次南巡，前后在苏州驻留114天，占整个南巡时间十分之一以上。乾隆皇帝对苏州景致百看不厌，特命画师徐扬绘制苏州美景，以便回宫后随时展阅。名画《姑苏繁华图》因此诞生。乾隆皇帝对苏州厨师所做菜肴特别喜欢，于是将其带回宫中，以便随时品尝。故宫博物院所藏180多万件（套）藏品，很多与苏州有关。乾隆皇帝是推崇苏式生活的。

为什么苏州人在衣食住行各方面有这么一种"考究"的工匠精神呢？我以为，主要是人多地少养成了精耕细作的习惯，苏州人有句俚语非常形象——"螺蛳壳里做道场"。另外，科举考试的激烈竞争，也把99%以上的读书人逼着去钻研专门技艺。社会分工日益细密，使得技艺越发精细。那么，为什么苏州人能做到精工细作呢？一是苏州处于江南水乡，人的性格沉静内敛，坐得住冷板凳。二是苏州人以鱼虾为食，鱼类中一种不饱和脂肪酸omega-3具有明显的益脑机制。你看苏州最顶尖的技艺都是指尖上的艺术，无论苏绣、苏作、苏工、木雕等。指尖上的技艺，绝对是人类技能登峰造极的体现。苏味与古典园林、昆曲、评弹、刺绣等，共同组成了一个与众不同的生活方式，让你的眼、耳、鼻、舌、身、意都成为通向"人间天堂"的无上法门。

理由之四

最能说明苏州是江南文化中心的莫过于文化艺术的昌盛。苏州人文荟萃，代有才人出。明清苏州考取进士1882名，约占江南考取总数四分之一。其中，江南状元共79名，苏州府34名，占了43%，苏州因此获得"状元之乡"的美誉。自1955年新中国诞生首批院士以来，截至2021年，苏州两院院士总人数达139位，为全国各城市之首，苏州由此获得"院士之乡"的称号。2023年末，苏州常住人口为1295.80万人，户籍人口772万人，常住人口规模继续保持全省第一；拥有技能人才263万名，占劳动者的比例达到35%；高技能人才100万名，占技能人才比例为38%。苏州一直保持对人才强大的吸引力，物华天宝，人杰地灵，绝对是苏州的真实写照。

科举之外，凡与文化相关的方面，如诗词歌赋、书法绘画、戏曲音乐、雕刻园林、科学技术与思想文化，苏州均很发达，人才荟郁，作品繁盛。杰出的文学家人才辈出，陆机、陆云、昭明太子萧统、韦应物、陆龟蒙、范仲淹、范成大、高启、文徵明、冯梦龙、金圣叹等享有盛名。明代文学史上有重要影响的"前七子""后七子"中，徐祯卿、王世贞都是苏州人。明代画坛"吴门四家"（沈周、唐寅、文徵明、仇英）风靡一时，成为中国传统绘画的主流，吴门书画艺术举世公认。清代钱谦益、沈德潜、吴伟业均为文坛领袖，徐釚所著《词苑丛谈》是当时词学经典。至于通俗小说、戏曲、说唱文学等，更是名著众多，脍炙人口，许多代表性、巅峰性作品均出自苏州作家之手。冯梦龙编著的短篇小说集"三言"是那一时期通俗小说的代表。魏良辅变革昆山腔，使昆腔传奇成为明清戏曲主流剧种，被后人奉为昆曲始祖。梁辰鱼创作的《浣纱记》、李玉创作的《清忠谱》、朱佐朝创作的《渔家乐》、朱㿥创作的《十五贯》，都是清代戏曲经典。至于顾炎武在经学、史学、地理学等多方面的巨大成就，"三惠"（即惠周惕、惠士奇、惠栋祖孙三代）以及惠栋学生江声在考据学方面的非凡业绩，钱大昕、王鸣盛在经学、史学方面的杰出成就，唐甄、冯桂芬在思想史上的杰出地位，早已为世人所熟知。

戏剧曲艺，独树新帜。著名的昆剧孕育于明代的吴地，自此苏州就成为中国传统戏剧最重要的发祥地与大本营。剧作家、剧本、演员数量之多，影响之大，在全国居前列，至今依然为海内外所注目。评弹将评话与弹词合为一体，操吴语，博采小说、戏曲、诗歌、音乐、相声等表现手法之长，熔说、噱、弹、唱、演于一炉的综合艺术，深受群众喜爱。还有中华民族的轻音乐"江南丝竹"，于音乐天地里独树一帜。明清两代，全国主要城市都有专以演唱吴歌为专长的艺伎，如著名的王翠翘、陈圆圆、董小宛等。吴语自先秦时起就享有"糯软甜脆"的赞誉，明清时期上至妃嫔，下至戏曲演员、江湖艺人、名妓，均以操吴语为时髦。

苏州人是充满艺术情趣的，这从虎丘曲会可见一斑。"中秋千人石，听歌细如发。"八月十五中秋夜，无论文人雅客、大家宅眷，还是清闲散人、民家少妇，从"衣冠女"到"屋贫户"倾巢而出，大家穿上最华丽的盛装，带上美酒，背上席子，浩浩荡荡来到虎丘山上，共聚千人石旁，开一场声势浩大的露天音乐会。张岱在《虎丘中秋夜》中把虎丘中秋唱曲分为五重境界。第一重锣鼓喧天、惊天动地，图的是气势，是热闹；第二重，一更天之后，鼓声渐行渐消，悄闻丝竹管乐和低吟浅唱；第三重，更渐深，看热闹的人渐散，行家们在伴奏下开嗓；到了第四重，便是二更天了，一缕洞箫音扬起，三四位歌者，你唱几句，我和几声，暗中较量功力；最后第五重，那已是三更天了，明月高悬，万籁俱静，此时，水平最高的歌者登场了。他高坐石上，初时声细如丝，继而转为洪亮，裂石穿云般直冲云霄。听者不敢击节，唯有点头。唱到此时，虎丘曲会方才达到巅峰境界。

文化的繁荣是以经济发达为基础的，苏州在宋代就达到农耕文明的顶峰，民间广泛流传着"苏湖熟，天下足"。明清资本主义萌芽率先在苏州丝织业孕育，19世纪末的民族资本主义工商业在江南勃发。现代的"苏南模式"，20世纪90年代以来的引进外资，当代高科技产业的崛起，每一时期苏州都处于领先地位。现在，苏州成为中国最重要的工业基地和全球制造业中心之一。"苏州智造"不仅在江南地区，甚至在亚太和全球供应链中都发挥着越来越强大的影响力，这是苏州成为江南最具代表性城市的底气。

苏州在长达2500多年的发展过程中，历经尚武、崇文、重商、精工、科创，每一次文化嬗变都伴随经济新一轮腾飞。有人说"文化是明天的经济"，关键要有占据主导地位的价值观整合人心，激发活力。从范仲淹的"先天下之忧而忧，后天下之乐而乐"，到顾炎武的"天下兴亡，匹夫有责"，这种独领风骚、勇于担当的精神，才是江南文化的核心价值。苏州要在未来继续擦亮江南文化核心区的品牌，引领江南文化的发展，就要接受一次凤凰涅槃式的文化洗礼。

"等闲识得东风面，万紫千红总是春。"白发苏州，千年归来依然年少！

"三大法宝

最强地级市

苏州，自2500多年前伍子胥"相土尝水，象天法地"选定城市的基址以来，这座风水极佳、风物清嘉之城开始走上中国历史的舞台。

苏州"最强地级市"的奋斗进程

京杭大运河的开通，确立了苏州在江南的重要政治、经济、文化中心地位。经唐宋的日积月累，苏州崛起为江南唯一"雄州"，人口、经济都超过杭州。自明后期到清中期的300年间，苏州长期处于引领时代潮流和发展方向的首要位置，影响力远播海外。

新中国成立后，尤其是改革开放以来，苏州围绕"四个现代化"目标，着力解放和发展生产力。结合地少人多的实际，因地制宜地提出了"围绕农业办工业，办好工业促农业"的口号。苏州的产业结构在过去的几十年间经历了显著的转变。在1952年，苏州三大产业的比例为46∶25∶29，呈现出典型的"一、三、二"格局。然而到了1972年之后，这一格局发生了重大变化，第二产业首超第一产业。

十一届三中全会以后，苏州紧紧抓住农村改革、乡镇企业发展、浦东开发开放、中国加入WTO等重大历史机遇，加快推动"农转工""内转外"等重大转变。20世纪八九十年代，苏州的乡镇工业从经济总量的"三分天下有其一"发展到"半壁江山"。1992—2012年的20年间，苏州累计批准外资项目3.3万多个，出口从9.6亿美元增长到1747亿美元，进口从2.2亿美元增长到1310亿美元；工业增加值从209.8亿元增长到6193亿元，年均实际增长15.5%。从经济总量上看，1986年，苏州地区生产总值首超百亿元达到104亿元；苏州的地区生产总值从十亿元到百亿元的跃升，用了34

年；从百亿元到1996年跃升至千亿元用了10年；从千亿元到2011年跨上万亿元台阶用了15年。从人均地区生产总值看，1952年，苏州仅有126元，1984年突破千元，1994年跨入万元级门槛，2011年迈上10万元台阶约为1.5万美元。

党的十八大以来，苏州坚持新发展理念，通过推动质量变革、效率变革、动力变革，实现了从高速增长到高质量发展的精彩一跃。地区生产总值由2012年的1.2万亿元增长到2022年的2.4万亿元，位居全国第六；规模以上工业总产值由2.9万亿元增长到4.36万亿元，位居全国第二；一般公共预算收入由1204亿元增长到2329亿元，位居全国第五；人均地区生产总值由1.8万美元增长到2.76万美元。

今天，苏州以中国大陆1%的人口，贡献了2%的经济总量，3%的工业增加值，4%的实际使用外资，5%的上市公司和6%的进出口总额，毫无争议地成为中国"最强地级市"。

苏州"最强地级市"的发展密码

苏州之所以能成为今日繁荣发达、活力四射的苏州，与这块土地上孕育的文化精神息息相关。历史上，泰伯奔吴把周朝的中原文化带到吴地，之后伴随东晋南渡、宋室南迁，吴文化与北方文化相互交融，不断丰富演化，形成了苏州人坚韧不拔、开放包容的精神特质。一代代苏州人接续奋斗，在实践中不断充实着城市精神。尤其在改革开放中，广大苏州干部在敢闯敢试、你追我赶的实践中又培育塑造了"张家港精神""昆山之路""园区经验"这"三大法宝"。改革开放40多年，苏州能够从全国地区生产总值排名第30位上下到牢牢占据"最强地级市"名头，离不开"三大法宝"的强大精神驱动力。

"三大法宝"的核心是实事求是、抢抓机遇、艰苦创业、敢试敢闯的开拓创新精神，它们相互激荡、相得益彰，成为苏州人最可贵的精神力量。

"拼"出来的"张家港精神"

张家港市地处苏州最北部，前身是1962年正式由常熟、江阴部分边远公社组建而成的沙洲县。建县初期以农业为主，底子薄，经济实力在当时苏州地区所辖县中倒数。改革开放以来，张家港人抢抓机遇，担当实干，"拼"出一条发展之路。

可以说，改革开放的实践孕育了"团结拼搏、负重奋进、自加压力、敢于争先"的"张家港精神"，又是"张家港精神"，催生了令人惊叹的张

张家港市文明实践志愿服务主题公园　任广真摄

家港速度，创造了一个又一个张家港奇迹，实现了从"苏南边角料"到明星城市的精彩蝶变。

治穷致富：孕育时代精神

刚成立的沙洲县年生产总值不足1亿元，但沙洲人民"人穷志不穷"，他们吃苦耐劳、敢闯敢拼，在历届县委、县政府的带领下，他们逢山开路、遇水搭桥，发扬跑遍千山万水、说尽千言万语、排除千难万险、吃尽千辛万苦的"四千四万"精神，走出一条"乡镇企业异军突起"的探索发展之路，实现了由"农"到"工"的第一次飞跃。

在此期间，沙洲县委、县政府所在地杨舍镇，在这种拼搏发展的氛围里，逐渐焕发出生机和活力。

张家港：霜降时节 江边铺"金" 施柏荣摄

20世纪70年代末期的杨舍镇,房屋破旧,环境脏乱,交通闭塞,工业产值在当时苏州6个县的城关镇中位于倒数第一。

1978年,秦振华出任杨舍镇党委书记。为了迅速改变落后面貌,镇领导班子带领全镇干部群众顽强拼搏,艰苦创业,"两个文明"一起抓。短短几年,杨舍镇发生了巨大变化,乡镇企业从无到有,再到遍地开花,1985年成为江苏第一个工农业产值突破1亿元的县城镇。

1991年,杨舍镇工业总产值超12亿元,一跃成为苏州的"排头兵",后来又成为苏州"南学盛泽,北学杨舍"的明星乡镇,在全国乡镇百颗星中跃居第七位。

在创业过程中,杨舍镇广大党员干部形成了"为官一任、造福一方,顾全大局、乐于奉献,扶正祛邪、敢于碰硬,雷厉风行、脚踏实地,严于律己、以身作则,自加压力、永不满足"的"杨舍精神",这就是"张家港精神"的雏形。

从治穷致富的历程中孕育产生的"张家港精神"的雏形,展现出在改革开放这个大时代不忘初心、砥砺奋进的价值追求,激发出强大的改革决心和创业激情,成为激励广大干部群众干事创业的力量源泉。

抢抓机遇:创造发展奇迹

1992年对于张家港来说也是不平凡的一年。这一年,这个滩涂上的小城开始崛起,其发展开始推进到一个具有里程碑意义的全新阶段。

这一年,56岁的秦振华被苏州市委破格任命为张家港市委书记。他和张家港市委一班人深刻认识到,经济要腾飞,思想必先行,只有着力塑造和弘扬一种反映时代特点、体现区域特色、富有激励作用的精神,才能凝聚人心、鼓舞斗志，实现张家港的大发展、大跨越。

因此，张家港市委在总结以往发展经验的基础上，把"杨舍精神"升华为"团结拼搏、负重奋进、自加压力、敢于争先"的16字"张家港精神"，为全市党员干部群众树立了一面在"苏南方阵"中争先进位的精神旗帜，并随即乘势喊出"工业超常熟，外贸超吴江，城建超昆山，各项工作争第一"的"三超一争"目标。

这个目标的喊出，把张家港党委、政府和人民推到了破釜沉舟、背水一战的境地，而他们把巨大的压力转化为埋头苦干的动力，同时也给周边县市带去了你追我赶、拼抢发展的活力。

这一年，张家港捕捉到国家要在江苏沿江建保税区的信息后，全力向上争取。4月确定建立保税区，5月拿出方案，45天完成1284户民房拆迁，20天建成一条8千米长的铁丝网隔离带，90天建成8000平方米的港务局大楼，160天建成长江流域最大的万吨级码头……

张家港人用不分昼夜、志在必得的拼抢精神，拼抢到了全国第一个长江内河港口开发权和第一家内河港型保税区。

同样在这一年，张家港市委班子在广东参观学习期间，受到珠江三角洲大办交通的启示，当即决定临时召开常委会，就张杨公路改扩建的整体方案，包括路基、路面及绿化带设置等各个方面，展开激烈讨论并形成决议，新方案比原有规划设计方案几乎提高一倍的标准。

当时，上海一家报社发文表示质疑："张家港一年财政收入只有2亿元，修一条路要花2.5亿元，80米宽的道路，像飞机场跑道那么宽……"

面对外界的质疑，张家港市委、市政府顶着舆论压力，突破保守观念，坚定"发展才是硬道理"的信念。资金不足，就全民动员集资；时间紧迫，就日夜轮班施工。仅用一年半时间，一条全长33千米的高等级公路全线贯通，全程质量指标全部达到或超过国家标准。

在这段充满机遇和挑战的时期，张家港人不顾各种流言蜚语，一门心思艰苦创业，提出"没有经济就没有地位，没有外向度就没有知名度；以发展论英雄，凭贡献坐位置；市场经济不等人，不争不抢是庸人，错过时机是罪人；大发展小困难，小发展大困难，不发展最困难"等思路。

在"三超一争"目标提出后，又先后提出了"对外大开发、全市大开发、经济大发展"的工作思路，制定了"三抢一高"奋斗目标、"三攻一促"发展策略，报请江苏省政府批准设立了江苏省张家港经济技术开发区。

"张家港精神"所蕴含的巨大能量在抢抓机遇、拼抢发展中得到了充分的体现，张家港广大党员干部牢记共产党人的责任和使命，为人民谋幸福的初心也得到了充分体现。

与时俱进：筑牢精神家园

20世纪90年代初期，在各方面基础相对薄弱的情况下，"张家港精神"突出体现在"拼搏、进位"上，实现了张家港的大变化、大跨越。

20世纪90年代中后期，张家港的发展走到了全国同类城市前列，"张家港精神"突出体现在"巩固、提升"上，坚持以经济建设为中心，全方位、多层次、系列化开展精神文明建设，走出了一条"两个文明"协调发展的成功之路。1994年通过国家卫生城市验收后，自加压力，开展群众性精神文明建设，在大江南北引领了"学习张家港、创建文明城"的热潮。如今已成为全国唯一获得全国文明城市"六连冠"的县级市。

进入21世纪，经济社会进入转型阶段，"张家港精神"突出体现在"统筹、协调"上，构建规模经济、民营经济和外向型经济"三足鼎立"的经济格局，进行历史上最大规模的行政区划调整，形成"一城四片区"的现代化中等城市框架，科技、教育、文化、卫生、体育、社保等社会事业协调发展。

步入新时代，面临新挑战和新机遇，"张家港精神"则重点体现在"再出发、再突破、再引领"上，落脚点是"三效三品三性"。

时代的车轮滚滚向前，与时俱进的"张家港精神"始终与时代同步前行，在浩浩荡荡、奔流不息的时代潮流中，汲取养分和能量，获得发展和升华，不断传承和光大，永葆生机和活力。她影响着张家港一代又一代领导干部和市民群众，成为根植于全体张家港人心中共同的价值观和精种特质，为每一位张家港人筑牢了一个初心不变、奋斗不息的精神家园。

"闯"出来的"昆山之路"

如果说一个"抢"字拼出了"张家港精神"，那么一个"闯"字，则"拓"出来一条"昆山之路"。"艰苦创业、勇于创新、争先创优"，昆山从零起步，以自费创办的开发区为战略平台，以对外开放为发展主线，通过跨区域的横向经济联合和大力引进外资，不仅甩掉了苏州市辖县"小六子"的末位

三效即效率、效果、效★
大党员干部发扬"说了算、定★
干必成"的优良传统，只争★
拼抢机遇，办一件，成一件，★
民群众有更多获得感、幸福★
全感。

三品即品质、品位、品★
一步自我加压，拔高标杆，★
批在全国叫得响的城市品牌★
步扩大张家港在全国乃至全★
知名度、美誉度和影响力。

三性即系统性、探索性★
领性，把各项工作贯穿于★
一体"总体布局和"四个全★
略布局之中，创造更多的"★
与"唯一"，努力做好示范★
标杆。

226

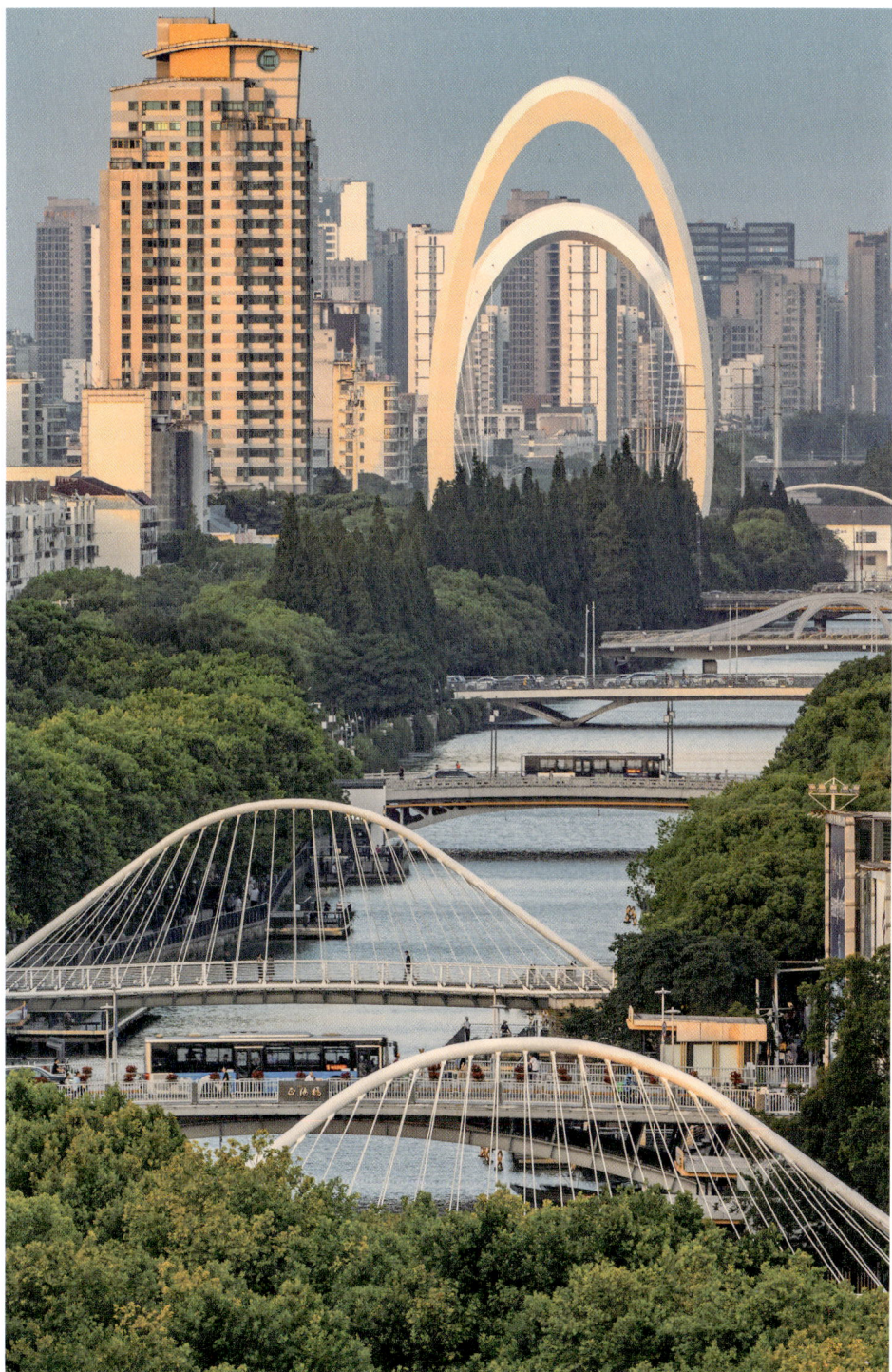

帽子，还连续坐稳了全国百强县第一的交椅。

改革开放以来，昆山党员干部带领百万新老昆山人走出了一条"以改革开放为时代特征、以创业创新创优为精神动力、以人民幸福为不懈追求"的"昆山之路"。

奠基："农转工"历史性跨越

改革开放之初，苏南不少地方乡镇工业异军突起，而昆山却守着苏州"天堂里的半碗饭"，过着"穷日子"，在当时苏州市下辖的6个县中排名末位，被人戏称为"小六子"。作为传统农业县的昆山，工业基础非常薄弱，摘掉戴在昆山人头上的"小六子"的帽子，是昆山党员干部的时代使命和担当。

1984年1月，昆山县委召开县、乡、村三级干部冬训会议，提出"解放思想，实现'十个转变'"，就是要从农业单一经营向农副工综合经营转变，大力发展工业，这标志着"昆山之路"航程迈出了重要一步。

随后，在分析昆山工业发展优劣势的基础上，决定不照搬、照抄其他地方发展乡镇企业的办法，而是用昆山的"三好"（紧靠上海的地理优势、丰富的农副产品、吃苦耐劳的昆山人民）换上海的"五好"（技术、产品、设备、管理、资金），适时提出"东依上海，西托'三线'，内联乡镇，面向全国，走向世界"的发展思路。

同年，昆山人以敢为天下先的创新意识，创造性地在当时县城东边自费开辟工业小区，从3.75平方千米到6.18平方千米，采用"滚动开发，逐步延伸，开发一片，成功一片"的方式，积极实施横向联合战略，先后建成生产"金星"牌电视机的上海电视一厂昆山分厂、凤凰自行车厂昆山分厂、上海畜产品进出口公司、昆山羽绒制品联营厂以及与上海纺织工业局合作建立的上海纺织品出口昆山联合生产基地。

昆山及时抓住"三线"企业"军转民"的机遇，引进了万平实业、风华等一批"三线"企业。其间，江苏省第一家中外合资企业——中国苏旺你有限公司落户昆山，为审批这个项目，昆山人往南京、北京跑了123次，敲了732个公章……

通过自费建设工业小区，昆山工业快速崛起，实现"从单一的农业经济向农副工全面发展、从产品经济向有计划的商品经济、从内向型经济向外向型经济"的"三大转移"。昆山工业占地区生产总值比重开始超过农业，完成了"农转工"的历史性跨越。

开创："内转外"格局性转变

20世纪90年代初是我国改革开放进一步深化的关键时期。"改革开放胆子要大一些，敢于试验，不能像小脚女人一样。看准了的，就大胆地试，大胆地闯。"

1992年8月，昆山经济技术开发区升格为国家级开发区，开创了一个县级市自费开发建设的开发区进入国家级序列的先河。适逢浦东开发、开放，昆山党员干部敏锐地意识到这是一个极好的发展良机，大力实施外向带动战略，利用浦东效应，打时间差、空间差，迎来了招商引资新一轮高潮。

1992年下半年，昆山引进了第一家投资规模在当时最大的台资企业——沪士电子（昆山）有限公司。随后，号称"四大金刚"的统一食品、六丰机械、樱花卫厨和捷安特自行车，以及日本精工、丰田等大项目相继落户。

继之，昆山逐步实现从"以内引外"到"以外引外"、从"来者不拒"到"择优落户"、从"筑巢引凤"到"引凤筑巢"的战略转移，迅速形成了"以开发区为龙头，带动乡镇工业小区发展的开放格局；以中心城市带动卫星城镇的新型城镇格局；大力发展第三产业，促进工业协调发展，逐步构建三、二、一产业格局。三个格局，完成了从发展横向联合工业向发展外向型经济"内转外"的格局性转变。

1995年，昆山外商及港澳台经济工业产值占全市工业比重达到41.6%，外资及港澳台资开始成为昆山经济增长的主要动力。

拓展："散转聚"主导性优化

1996年后，昆山经济发展面临两大难题：一是各地都在借助优惠政策吸引外资，二是严峻的宏观经济环境。1997年东南亚爆发金融危机，全球国际直接投资流动受到冲击。

面对困境，昆山人把危机化作机遇，开展"诚信服务月"活动，数百名党员干部冒着盛夏酷暑，进外企、入台企、赴民企，帮助企业想办法、出点子。

政府部门实施"一站式""一条龙"服务，推行首问负责制、告知承诺制、重点岗位AB制；"规范行政、诚信服务、降本增效"，"亲商、安商、富商"，"零障碍、低成本、高效率"；成立"马上办"办公室，实行全天候服务……一系列服务打造了"昆山服务"的品牌。

同时，昆山果断做出"主攻台资"的招商策略，当年组团8次到台湾招商引资，一炮打响，一批大项目、旗舰型项目落户昆山，出现了"以台引台、以台引外、以外引外"的"葡萄串效应"。昆山日渐成为全国台资投资

昆山：申张线航运繁忙　袁新宇摄

密集区之一。

1997年，昆山学习台湾新竹工业园，提出创建出口加工区，先后进京84次，奔忙于8个部委。2000年10月，昆山出口加工区成为全国第一个封关运作的出口加工区。昆山出口加工区2.86平方千米，12.4万个劳动力，10年中产出654亿美元，成为世界上劳动生产率最高的工业区。

为集约利用土地资源，昆山提出"5432"集约用地机制，就是在出口加工区、国家级开发区、省级开发区、各乡镇工业区，每亩土地的投资额分别不得少于50万美元、40万美元、30万美元和20万美元，改变了原来"村村点火、户户冒烟"的状况，实行了"人口向城镇集中、企业向园区集中、土地向规模集中"的"三个集中"。

昆山经济开始进入以电子信息、精密机械制造等为主导产业的发展阶段，实现了"散转聚"的主导性优化。

提质："低转高"创新性驱动

2001年12月11日，我国正式加入世界贸易组织，融入全球化给昆山带来了机遇和挑战。2006年7月，昆山提出"自主创新、自创品牌、自我创业"的"三自"创新战略，政府设立自主创新专项资金，每年投入7000万元，设立高新技术风险投资基金5000万元。

2007年，昆山市政府与清华大学签约，拉开了技术创新和人才培养等全面合作的大幕，先后建立3个博士后科研工作站、4家省级企业技术中心。中关村软件园、清华科技园等一批开发项目，龙腾光电、三一重工等一大批具有自主知识产权的高新技术企业相继落户，实现了由"昆山加工""昆山制造"向"昆山创造"的转变。

昆山以实施外向配套的方式发展民营企业，成立专为外向配套服务的"婚介所"——外向配套协作中心，为在昆山落户的外资企业与昆山民营企业双方寻找合作伙伴，牵线搭桥。

昆山首家民营配套企业——昆山创新五金电机厂为日资企业禧玛诺、台资企业耀马等机械设备、车铣、刨磨配套，10年时间，成为拥有自主知识产权、自有品牌产品的规模型企业。好孩子集团从一个濒临倒闭的校办工厂发展成拥有3000多项国内外专利，并获得中国驰名商标的婴童用品领军企业。

昆山经济实现了"低转高"的创新性驱动，多年来昆山位居全国百强县第一，并率先实现江苏省全面建设小康社会指标。

攀升："大转强"战略性突破

2007年1月,昆山市委、市政府召开经济工作会议,提出了"整体发展学新加坡、产业提升学韩国、自主创新学台湾地区"的"三学"目标,树立新标杆,再创新佳绩。2009年,昆山出口加工区转型为国家级综保区(即综合保税区),实现功能叠加:电子信息加工创造、保税物流、连接进出口商品交易、研发实验、服务贸易实验、快速通关口岸服务。2010年,昆山综保区实现保税物流金额660亿美元。

2010年9月,昆山高新区在1994年国家科学技术委员会(现科学技术部)批准的昆山星火技术密集区基础上,升级为国家级高新技术开发区,引进了美国安利吉、德国福斯罗和芬兰库迈拉等先进制造企业;引进了以中国华风为代表的三大风能项目;引进了世界前列的太阳能电池生产商——茂迪公司;引进了世界500强全球物流仓储业巨龙——盖世理、研华科技协同创新研发中心等一批服务品牌项目;设立了平面显示、机器人、小核酸等研究院;建成了"一院三区十基地"的科技创新孵化体系,成为国家创新型特色园区。

地处苏沪交界处的花桥经济开发区,东依上海国际汽车城,2005年8月被江苏省政府列为全省三大商务集聚区之一,2006年8月又被省政府批准为省级开发区。

如今的花桥,集聚企业总部产业,如NSK中国研发中心、七匹狼等企业总部;集聚服务外包产业,如法国凯捷远程加速开发中心、中金数据、江苏远洋数据公司;集聚现代物流产业,如宝湾物流、天天国际、迪卡侬配送中心,成为"中国最佳服务外包园区"。

多年来,昆山推进增长动力向创新驱动转变,产业结构向高端化攀升，经济实现了"大转强"的战略性突破。2011年，昆山服务业对经济增长的贡献率首次超过工业。

"昆山之路"是一部波澜壮阔的奋斗史。昆山党员干部始终坚定理想信念，始终坚持把发展作为第一要务，始终坚持薪火相传，在接力中加速，在加速中创新，在创新中发展。

"融"出来的"园区经验"

1994年创立的苏州工业园区，虽比我国首批开发区"晚出生"10年，却能够后来居上，并且仅用10年时间就再造了"一个新苏州"，靠的就是"借鉴、创新、圆融、共赢"的"园区经验"。

1994年2月，由中国、新加坡两国领导人直接推动、共同决策，苏州工业园区正式诞生，苏州城东原本沉寂的金鸡湖畔成为开发热土。园区坚持"规划先行"，迈出"借鉴"新加坡经验的第一步。按照"产城融合"理念，先规划后建设、先地下后地上，以绣花功夫坚持"一张蓝图绘到底"。

更为可贵的是园区借鉴新加坡的亲

圆融
HARMONY

商服务理念,让园区开发建设者实现从"管理者"向"服务员"的角色转变。在垦荒、开园、辟城的历史进程中,园区坚持产城融合,走出了以产聚人、以人兴商、以人为本的园区开发之路,以生机勃勃的城市生态,让"老苏州""新苏州""洋苏州"共同演绎现代化园区的多面精彩。

在苏州城东金鸡湖畔,矗立着一座高12米、由两个圆相叠扭转而成的雕塑,整座雕塑呈外圆内方的简约造型,蕴含着"天圆地方"的古老观念,也传达出传统与现代、人文与科学融合共生的深邃含义。这座雕塑名为"圆融",如今已经成为苏州工业园区这座现代化新城的象征。她温婉绰约、刚柔向上的风骨,是对以"借鉴、创新、圆融、共赢"为内核的"园区经验"的最好诠释。

中新合作,成就发展奇迹

1994年2月26日,中新两国政府《关于合作开发建设苏州工业园区的协议》中英文本签署。一个让中新双方共同期盼的合作项目终于获得了"出生证"。

这是一个由中新两国领导人充分酝酿、共同决策的国际合作项目,也是迄今为止规模最大的中外合资成片开发项目。

中新两国政府《关于合作开发建设苏州工业园区的协议》的签署向全世界郑重宣告:中新合作项目选址"在苏州城东金鸡湖地区",目标是"在苏州建设一个以高新技术为先导、现代工业为主体、第三产业和社会公益事业相配套的具有一定规模的工业园区"。

启动伊始,园区就依托中新合作机制,积极借鉴新加坡经验,按照产城融合理念编制完成了278平方千米总体规划,并快速启动首期启动区的开发建设和工业地块招商，一批重大基础设施及工厂建设全面展开。

2001年3月，园区启动二、三期开发，从此进入大动迁、大开发、大建设、大招商、大发展阶段。

自2005年开始，园区相继启动了制造业升级、服务业倍增和科技跨越等产业转型计划，在全国较早地迈出了转型升级的步伐。2009年园区开发建设15周年，园区取得了地区生产总值超千亿元、累计上缴各种税收超千亿元、实际利用外资折合人民币超千亿元、注册内资超千亿元等"四个超千亿"的发展成就。

从2016年开始，苏州工业园区已连续7年居国家级经济技术开发区综合考评第一位，并跻身建设世界一流高科技园区行列。

使命所系，勇当"探路尖兵"

苏州工业园区是中新互利合作的成功典范，也体现出中方学习借鉴的特色。园区开发建设30年来的实践无疑是精彩的，园区后发崛起、后来居上的成功原因也值得深入探究。

坚持科学规划，"一张蓝图绘到底"的实践样本。在那个还视规划为"纸上画画，墙上挂挂"的年代，园区就确立了"规划先行"的理念，按照"两先两后"即先规划后建设、先地下后地上的科学建设程序，率先在国内提出了"白地"（未明确今后土地用途的空地）、"灰地"（未来可以改变土地使用性质的地块）的概念，给后续开发留有"余地"和"余味"，避免反复折腾"翻烧饼"。经过30年的开发，园区的整体面貌与开发之初的总体规划蓝图基本保持一致，成为"一张蓝图绘到底"的最佳实践样本。

坚持先行先试,书写"第一个吃螃蟹"的改革传奇。作为中新两国政府间首个合作项目,园区的开发建设无现成道路可循,但园区却敢于摸着石头过河。在30年的发展进程中,园区在产业发展、科技进步、金融管理、环境保护、社会治理、人才培育、体制创新等领域开展了富有创造性的试验和实践,创造了包括全国首个空陆联程快速通关模式、全国首个国家级股权投资母基金、全国首个国家级高等教育国际化示范区等多个令人瞩目的全国"首个"。

　　这些先行先试成果和经验充分体现了园区作为改革开放"试验田"的功能和职责,得到了国家层面的充分肯定,并已开始在条件成熟的地区,尤其是国家级开发区进行辐射和推广。

　　坚持择商选资,在开放创新中实现美丽蝶变。1994年5月破土动工时的园区,仅仅是一片洼地农田,到如今已成为苏州市经济发展的重要增长极。其制胜法宝就是积极抢抓全球产业梯度转移、价值链重构等机遇,坚持以全球化视野来谋划创新,在全球范围引进创新技术、配置创新资源,推动产业不断迈向中高端,从而实现产业发展的跨越腾飞。

　　经过多年的转型和升级,园区目前基本形成了以新一代信息技术、高端装备制造为主导的两大千亿级产业集群,以生物医药、人工智能、纳米技术应用三大新兴产业为代表的未来产业集群,逐步培育起具有园区标志、领跑全国乃至全球的特色产业地标。

　　坚持接轨国际,"亲商"新风从这里吹向全国。园区是我国第一个国与国之间合作,借鉴运用先进国家的经济和公共管理经验开发建设的开发区,从诞生伊始就承担了中国改革开放"试验田"的功能。试验,是尝试,也是探索,是中外不同发展理念的碰撞。

按照"规划先行"理念启动开发建设的园区，打造了当时国内最高标准的基础设施，如此高标准的硬件需要同样高标准的软件与之配套。这个软件就是园区率先从新加坡借鉴引进的"亲商服务"理念，是用新的理念指导的、由专业团队打造的、用新的体制机制运行的管理服务机制。

这种转变是从相对封闭的市场面向世界的开放性市场的理念更新过程，也是从传统的计划经济管理模式走向现代市场经济管理模式转变的实践之路，"亲商服务"理念犹如一股新风，迅速从园区吹遍了中国的大江南北，并成为当下中国各级政府优化营商环境的"先手"和"标配"。

坚持人才优先，聚天下英才而用之。在园区"垦荒""开园""辟城"的宏伟历程中，对人才的需求持续升级、层次丰富多元。园区开发建设者立足园区总体战略布局，大力强化人才工作的系统性谋划、前瞻性研究、全局性运作，由组织人事部门牵头抓总、相关部门协同共管，坚持筑巢与引凤并举，坚持人才与产业对接，坚持硬环境与软环境并重，探索构建包括人才的招聘引进、培养储备、集聚助长、环境营造等环节在内的一整套人才工作运转体系。

坚持产城融合，"以人为本"建设幸福新城。到2019年，苏州工业园区常住人口净增了约80万，相当于一个中等城市的人口规模。但园区并没有因为人口的激增而出现一些典型的"城市病"，而是始终保持着生机勃勃的城市生态。

徜徉在园区，看到的始终是一座井然有序、"老苏州""新苏州""洋苏州"和谐共处的现代化城市。这得益于园区始终牢固树立产城融合、以人为本的理念，注重促进社会共建共享，积极探索社会治理的新思路、新办法、新措施，全面推进经济社会协调发展，呈现出社会安定、服务优质、充满活力的社会治理新局面，为开发区社会治理创新积累了有益经验。

与一般开发区不同，园区从开发伊始就摒弃单一发展工业的模式，坚持以产业集聚带动人的集聚，以人的集聚促进商业繁荣，实现了生产、生活、生态的有机融合。比如，园区借鉴新加坡经验，率先提出并建设了邻里中心这一全新社区商业新模式，就近为城市社区居民提供一站式多元生活服务。邻里中心也从园区诞生，然后迅速在国内多个城市复制推广。

30年只是短暂的一瞬。然而，园区紧紧把握这一历史性机遇，在改革开放大潮中上演了精彩大戏，努力把自己打造成中国开发区示范品牌。以往，苏州因千年历史文化名城魅力而令人向往；如今，苏州更以拥有园区这一中国开发区示范品牌而引人瞩目。

回望来路，初心不改，虽远不怠；展望未来，使命依旧，历久弥坚。苏州"三大法宝"集中反映了中国改革开放历程中的苏州智慧，其精神已深深融入苏州广大干部群众的血脉，并在实践中不断充实，使之在新的历史阶段具有丰富而深远的内涵，从而对社会进步产生强大而持久的推动力。

底气之城

和气之城

福气之城

小桥流水人家，

上有天堂，下有苏杭，

一直以来，这是苏州的基本形象。

在中国，很少有一座城市像苏州这样，与"两个一百年"奋斗目标联系得如此紧密。苏州是用实践印证邓小平同志小康构想的地方。

1983年2月，邓小平同志到苏州等地调研，实地考察"全面建成小康社会"目标的可行性。他从苏州看到了实现目标的光明前景，并以苏州发展为例证，系统阐述了"全面建成小康社会"目标的内涵和现代化建设"三步走"的战略构想。

苏州是习近平总书记作出"勾画现代化目标"殷殷嘱托的地方。早在2009年习近平同志就提出："像昆山这样的地方，包括苏州，现代化应该是一个可以去勾画的目标。"2014年习近平总书记视察江苏时，再次强调了这一要求，对苏州探索现代化寄予殷切期望。

正是在这样宏阔的历史背景下，苏州人肩负着为全面小康"树样板"、为现代化"探路子"重任，不断解放思想，不断创新实践，全力种好小康社会建设的"试验田"，探索出一条奋力走在高质量发展的时代最前沿、具有苏州特色的"现代化路径"。

精神引擎

在历史上，苏州被誉为"最是红尘中一二等富贵风流之地"，在农业社会时期便是一线城市。自改革开放以来，过上美好生活始终是苏州广大干部群众朴素而坚定的追求，这也使得小康理念在苏州自始便拥有深厚的价值认同基础。

苏州人带着一种精神力量，以创新的发展思路和务实的工作举措，不断推进现代化进程。"三大法宝"的诞生，就是这种精神力量的具体展现。早在1984年，昆山就敢为天下先，创造性地自费开辟工业小区，在全国县级市中率先建成国家级开发区，撬动工业经济快速崛起，蹚出影响深远的"昆山之路"；20世纪90年代初，在各方面基础相对薄弱的情况下，张家港提出"三超一争"目标，创造出多个全国第一，孕育出"张家港精神"；得益于规划引领、机制创新、产业发展、人才培育、社会治理等方面一系列富有创造性的实践，苏州工业园区在国家级经济技术开发区综合考评中连续多年高居榜首，"园区经验"走向全国。

"三大法宝"引领苏州不断突破一个又一个上限，创造一个又一个"第一"，赋予"小康"丰富的内涵。苏州先后推进城乡一体化综合配套改革、服务贸易创新发展、跨境电子商务综合试验等70余项省级以上改革试点，形成一批具有"率先"和"首创"意义的实践成果，确保在领跑小康的赛道上一往无前。

苏州"碧溪之路"开启乡镇企业奋进新篇与苏南模式崛起

1984年，中央下发4号文件，第一次明确了乡镇企业的含义和地位。

苏州，这一次率先踏上了迈向工业社会一线城市的奋进之路。而这一次苏州奋进的脚步就再也没有停下来。

这一年，常熟碧溪乡因率先发展乡镇企业进入了江苏省首批"亿元乡"行列，乡里19000多名劳动力中，有11000多人白天当工人，晚上做农民。

苏州市委、市政府在全市推广"碧溪之路"。

著名社会学家费孝通把这种通过发展乡镇企业进行非农化发展的方式，总结为"苏南模式"。就是地方政府通过资源配给、政策优惠、工厂管理等方式，实现对乡镇企业的强力干预，这种方式极大地提升了企业建立并壮大的速度。

苏州的民间财富和活力迅速被激活。

"张家港精神"与苏南乡镇工业发展历程

1992年，一穷二白的张家港提出"工业超常熟、外贸超吴江、城建超昆山、各项工作争第一"的目标。没人认为这能做成。但是，张家港用一种不分昼夜、志在必得的"张家港精神"，把所有的目标变成了现实。

从1984年开始，苏南乡镇工业出现了5年的高速增长期，年平均增长率达37.72%。1992年，东方盛虹从一个村办小厂开始，几十个人一穷二白起步，28年后，这个从苏州盛泽小镇走出的恒力集团，营收超过华为，位居中国民企营收第三。1984—1988年，国务院批准在我国沿海12个城市设立14个国家级开发区，用来对外大力招商引资。

昆山走出改变命运的一步

苏州的昆山，一个曾经并不在国家重点发展区域名单上的地方，面对着一穷二白的经济状况，却展现出了非凡的决心和勇气。在国家没有提供直接资助的情况下，昆山人凭借自己的智慧和努力，通过多种渠道筹集资金，包括自筹资金、向银行贷款以及征收土地开发费等，最终成功筹集了1200多万元，这无疑是一个巨大的挑战，也是一次勇敢的尝试。

正是这笔来之不易的资金，为昆山的发展打开了新的大门。1984年，第一家外资企业苏旺你日本手套厂在昆山落户，这不仅是昆山历史上的一个重要里程碑，更是中国改革开放初期外资引入的一个缩影。这家手套厂的到来，不仅为昆山带来了先进的生产技术和管理经验，更为当地的经济发展注入了新的活力。

从此，昆山开始走上了快速发展的道路，从一个默默无闻的小镇逐渐发展成为全国知名的经济强市。这一过程中，昆山人展现出的不畏艰难、勇于创新的精神，成为推动当地经济社会发展的强大动力。

苏州工业园区主动出击，铸就经济增长新奇迹

已经少有人知晓中新合作工业园区项目当年充满的不确定性，它是在和上海合作未果后，由那一代政府团队在众多竞争中主动出击争取过来的。1996年欧莱雅在苏州工业园区建厂，这是最早落户园区外企之一，之后以三星、西门子、强生、葛兰素史克等为代表的世界500强企业纷纷在园区建厂投资。

自开发建设以来，苏州工业园区的主要经济指标，长期保持年均30%以上的增长速度。在比照新加坡裕廊工业园区的经验后，园区成为苏州城东拔地而起的一座新城。

来到苏州的人，几乎没有不感慨的：这座城市打破了拆和建、保留和发展的二元对立局面，在保持古城风貌的同时，用一片崭新的现代化城区拥抱工业时代。如今的园区，用0.0029%的国土面积，贡献了全国近0.29%的地区生产总值和约1.84%的进出口总额。

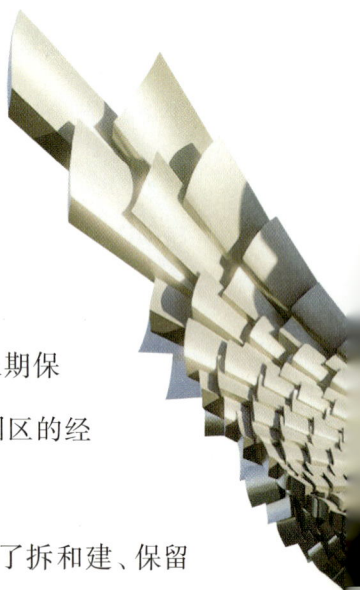

产业崛起与产业链整合

应该说，中国加入世贸，融入世界后的外向型经济红利，苏州是最大的红利分享者之一。2004年，当时苏州地区生产总值总量达3450亿元，跃居全国第四。2019年，苏州新增注册外资113.42亿美元，比上年增长5.3%。

苏州不仅是引进先进技术，而且带动相关上下游企业在此建立，逐渐建立起基础雄厚的制造业体系。多年发展下高度整合的产业链集群，以及培养的高素质管理团队和熟练技术人员，这是苏州产业升级最宝贵的财富。并且苏州能在此基础上衍生出自身民营经济体系。

当年施耐德初到苏州，需要采购，找到苏州东山精密制造股份有限公司的时候，这家公司还只是个拥有两台机器的小作坊。1998年，还是外贸公司业务员的钱东奇，到苏州吴中区先锋村，租下一个村办厂房，创办了泰怡凯电器，后来这家公司改名叫科沃斯，成为A股著名的"扫地茅"。2004年，吴志祥、马和平等5位创始人，在苏州创立了在线旅游平台——同程旅行，后挂牌上市成为"港股OTA第一股"。2006年11月20日，金螳螂建筑于深交所主板上市，成为园区第一家上市企业。

这是苏州城运中最大的一条财富链条，其涉及的范围之广、影响之深，令人叹为观止，而能够真正掌握这条财富链条背后核心密码的人，绝非寥寥无几。

多元化产业生态链

随着园区辐射效应的发酵，一批以昆山经济技术开发区、苏州国家高新技术产业开发区、张家港经济技术开发区等为代表的产业园区也纷纷建立，吸引众多企业前来苏州建厂。2017年，中国产业园区百强榜单中，苏州有7家产业园区上榜。

昆山的台资、太仓的德企、常熟的汽车纺织、张家港的钢贸以及各种与之配套的大小产业，与市区产业之间已经形成你中有我、我中有你的高度的产业和经济互补生态链。

这意味着，苏州既能生产车辆、笔记本电脑、数控机床这样的大块头高科技产品，也能生产螺丝钉、羽绒服这样的小体格、与百姓生活密切相关的生活必需品。这种完备的产业体系和产业链以及垂直整合能力，是苏州的底气。

城市架构的演进

因为外资经济发达，大量外来人口涌入，把苏州变成了一个多元化、快速发展的"移民"城市。再加上房地产，可以说从2008年开始，随之而来的是整个社会消费模式的改变。

房地产对于苏州而言，有着比其他城市更多元的意义。从城市运营角度看，在地价上涨后，各个城市都开始大规模基建运动，地铁、快速路、重大民生保障项目等，城市建设不断扩张。但在苏州，为了保护2500多年的姑苏城，早在1986年，便出台了市中心的古城保护规定，后来又提出了古城区所有建筑都被限高为24米的要求。苏州始终执行着城市发展去中心化的路径。

2012年，苏州正式提出"一核四城"战略。以古城为核心，东边是综合商务城，西边是生态科技城，北边是高铁新城，南边是太湖新城。这不仅是城市骨架拉开的考量，而且是一个没有市中心的去中心化的城市架构。

这意味着城市内部资源和建设要最大程度拉平，这不是靠城市本身就能完成的自我构建，而是需要更多房地产资本参与到城市开发和更新中来。

硬科技产业布局

2015年前后，同样也是苏州城市界面分界点。苏州，为新一代的人才和产业迭代，做好了足够的城市基础支持和生活方式更新。其实早在城市化突飞猛进这10多年前，苏州就意识到依托国际代工模式发展起来的工业尽管总量很大，但对本地经济贡献度和长期拉动有限。因此，需求刚性、利润高、市场巨大且不受行业周期影响的硬核科技产业，成为苏州工业经济结构优化的重点产业之一。

不逐风口，苏州硬科技布局结硕果

所谓硬科技，是指具有较高技术门槛，能代表世界科技发展最先进水平，引领新一轮科技革命和产业变革的关键核心技术，主要体现在新一代信息技术、生物医药、高端装备、新材料、新能源、智能制造等领域。这样的产业孵化周期长、见效慢，相较于杭州模式中以互联网平台经济为代表的快速盈利模式，显然在速度上难以匹敌。

苏州，不追风口。可那也就意味着要伴随企业从"0"到"1"，从"1"到"N"，是一个相对漫长的成长过程。2019年6月13日，从科创板开市到创业板注册制启航，开启近些年中国资本市场的历史性时刻，而那时谁也没想到，这波最大受益者居然是看着好似被资本放弃的"苏空头"。

不到两年后，苏州市官网正式公布，2021年苏州市工业产值正式突破4万亿元，正式问鼎全球第一大工业城市。其中，电子信息、装备制造、冶金、纺织、轻工、化工6大行业中，规模超万亿元的有2个，生物医药、新型显示、机器人及数控机床等细分领域综合竞争力在全国保持领先。

16万家工业企业涵盖了35个工业大类、167个工业中类和491个工业小类，拥有了电子信息、装备制造、先进材料、生物医药4大核心产业。因为产业链全覆盖和成熟产业人群养成下新一代产业孵化，苏州毫不意外地迅速成为现象级的资本市场高地。苏州在中国资本市场异军突起。

2016年至今，苏州新增上市公司超过100家，其中科创板41家，成为中国科技创新的一支生力军。而且速度还在加快。2022年上半年苏州新增A股上市公司数量仅次于北京，与上海并列全国第二，比上年同时期排名上升一位。苏州，以占全国0.09%的国土面积和0.77%的人口，贡献了2021年A股IPO数量的6.7%。

没有人知道苏州孵化这些硬核科技产业曾经有多寂寞。早在2008年左右，苏州就开始布局生物医药。那时苏州生物医药，没有大的药厂，没有人才，甚至作为地级市连三甲医院数量也很少。而现在，苏州生物医药及相关产业的收入产值已达2100亿元，在全国名列前茅。早在十几年前，苏州就开始布局半导体产业链，涵盖从上游的晶圆厂到下游的封装测试厂。

经过多年的外资产业链培养，已经涌现出大量优秀的半导体人才。恩智浦收购的飞思卡尔的前身摩托罗拉，其苏州公司是外资芯片企业里最早在中国设立研发中心的，培养了很多资深工程师。优镓科技将研发设在苏州，首要看中的是这里拥有越来越多的半导体人才。

　　如果你到苏州市集成电路创新中心楼里，就会发现有很多处于成长茁壮期的半导体公司。这些公司虽然初创，但个个实力不俗。科创板上市第一股半导体板块的华兴源创，就来自苏州。硬科技，已经成为苏州区别于虚拟经济和资本城市的个性化标签。以科创板推出后园区新增的37家上市企业为例，硬科技占比80%左右。

　　从国内"纳米微球第一股"纳微科技到"国产MEMS芯片第一"敏芯股份，从国内"充电桩芯片第一股"东微半导体到"科创板车规芯片第一股"纳芯微，从国内"辅助生殖基因检测第一股"贝康医疗到国内"RNA疗法第一股"圣诺医药……上市公司的行业分布，最能够反映所在区域的产业基础和升级方向。而因地理区位形成的产业集群，反过来又成为区位优势，吸引更多企业奔赴而来，令产业集群能效层级不断提升。

　　专注机器人供应的绿的谐波用了10年时间，在国内自主品牌机器人市场占有超过60%的份额。成立28年的苏州莱克电气，全面转型智能化，8条全自动生产线却在24小时作业的"黑灯工厂"成了工业"网红"。而这一切的背后，是苏州从苏南乡镇经济起步到园区经济和城市扩张运营，已形成中国最有效率的产业服务生态。

与绝大多数地方不同，在苏州，一家企业与政府打交道，只需跟苏州工业园区企服中心一个平台打交道即可，无需到每个部门递材料、审核、盖章。干过企业的就会知道这是多么幸福的一件事。

创新引领发展新篇章

苏州不会忘记，园区和新区起步是政府招商团队当"推销员"求过来的。曾经每个初到苏州高新区的都会领到一双雨靴，因为当初办公室所在的三元一村是一片积水的涝地。苏州不会忘记，有一种精神叫"张家港精神"，有位老人叫秦振华，有种时间叫九个月。苏州不会忘记，那个大哥大都还没流行的年头，从一片芦苇荡，苏州崛起了一座崭新的保税区。一座座做着三来一补的小厂房，一个个做着产业链边角料的小作坊，从无到有，从小到大……苏州也不会忘记，20200202，那个对称的情人节的日子，苏州是全国第一个以城市级名义，对中小企业实施实际扶助政策的城市。

不能忘记2021年是全面建成小康社会和"十三五"规划收官之年，却迎来了一场前所未有的严峻挑战。苏州科学统筹，果断出台政策和举措，坚决托牢了经济底盘、保住了产业链条、畅通了市场供需、稳定了社会大局，干出了企稳向好的发展态势，也拼出了逆势上扬的诸多亮点。一季度全市实际利用外资42.3亿美元，增长163.3%，增幅和增量都创了历史新高；工业投资快速增长，增长13.3%，是全省唯一实现两位数增长的设区市。

这一年，苏州召开营商环境创新大会，推出"苏州营商环境3.0版"；苏州生物医药产业发展大会提出将生物医药作为苏州的"一号产业"来打造；苏州市旅游促进大会重磅推出"姑苏八点半"文旅夜经济品牌……苏州瞄准"双过半"，全力保进度，奠定"全年胜"。

站在"两个一百年"奋斗目标的历史交会点上，回望"小康中国"的历史性跨越，苏州以其独特的贡献，已成为世人瞩目的现代化建设的鲜活样本。

卓越之路与生态答卷

2020年10月14日，苏州召开"十四五"规划编制和长三角一体化工作专题会，科学谋划"十四五"时期战略布局。时任省委常委、苏州市委书记许昆林说，要以高度自觉把苏州发展放在"两个一百年""两个大局"的时空维度中综合考量，把握长三角一体化发展机遇，扎实做好对接上海大文章，更好服务国家战略，增创苏州发展优势，奋力在全面建设社会主义现代化中始终走在全省全国前列。

勇于走在发展前列，已经成为苏州这座城市的行动自觉。从起笔小康宏图那一刻起，苏州秉承敢于争第一、勇于创唯一的信念，紧抓时代机遇，并促成自身的发展飞跃，实现一次次"华丽转身"。20世纪80年代以来，苏州率先发展乡镇企业，一举奠定了从实现温饱到基本小康的坚实基础；20世纪90年代至"十 五"末，苏州率先利用外向型经济大发展融入世界生产体系，驶上了从基本小康到全面小康的高速路；"十二五"之后特别是党的十八大以来，苏州大力推进以科技创新为核心的全面创新，闯出一条创新引领高质量发展之路，创造了从全面小康到高水平全面小康的过硬业绩。

肩负重大使命的苏州，用极具创造性的实践和令人瞩目的成就，对小康构想进行了真理性验证和诠释。这座千年古城已从新中国成立前典型的消费型城市走向全国性经济大市。2019年，苏州完成地区生产总值1.92万亿元，位居全国大中城市第六；人均地区生产总值2.6万美元，达到发达国家水平；规模以上工业总产值连续7年稳定在3万亿元以上，列全国第三；进出口总额3190.9亿美元，列全国第四；一般公共预算收入2222亿元，列全国第五。

在工业化、城市化、国际化进程中，苏州人把生态环境"高颜值"和经济发展"高质量"当作一幅"双面绣"来精工细作，实现"经济强""环境美"的和谐统一。从"国家环保模范城"，到"全国生态示范区""国家生态市"，再到"国家生态文明建设示范市"，苏州的发展实现了人与自然的和谐共生。

民生为笔绘就苏州文明新貌

2020年10月27日，一场高规格的"最美劳动者"礼赞表彰活动在苏州举行，来自全市各行各业的万名优秀劳动者得到表彰。他们中，既有医生、教师，又有外卖员、快递员、西点师、网络主播等，职业虽不同，但都有着扎根这座城市默默奉献的追求。

以城市的名义致敬劳动者，不仅激发新老市民对美好生活的共同追求，也为开启现代化国家新征程凝聚起强大力量。坚持以民为本，增进人民福祉，是苏州全面建成小康社会的一条主线。苏州始终给所有人以公平享受发展成果的机会，坚持尽力而为、量力而行，及时回应民生关切，民生投入"落地有声"，民生改善之路越走越实。

改善民生，苏州坚持"城里有的，乡下也要有"。2004年3月，昆山率先实施农村基本医疗保险，实现农村医疗保险全覆盖，31万乡镇居民和城市居民一样刷卡看病。这个"石破天惊"之举，在全国引起巨大反响。

此后，苏州社保不断"更上层楼"：2011年实现城乡低保并轨，2012年城乡养老保险、医疗保险并轨，标志着苏州率先在全国实现城乡社会保障一体化。2019年，苏州人均期望寿命达83.82岁，首次超过上海0.16岁，位居全国第一。

比起城市居民，苏州的乡镇居民还多了一份"福利"。2019年，苏州农村集体总资产达3046亿元，村均可支配性收入达936万元。强大的村级集体经济，为苏州夯实农民收入，打赢打好高水平全面建成小康社会收官战增添了底气。目前，全市农村基本实现"家家有资本、户户成股东、村村有物业、年年有分红"，持股农户占总数的96%。

在苏州，民生福祉加快由满足基本需求向满足美好生活需要转变，"百姓富"的成果越来越可享、可感。与此同时，苏州全面推动精神文明建设，既富"口袋"更富"脑袋"。有书香才是真小康。目前，苏州人均公共文化体育设施面积超过0.96平方米，每15万人拥有一座博物馆，建成"十分钟文化圈""十分钟体育健身圈"。2018年，苏州位列"城市阅读指数排行榜"全国地级市阅读指数第一。苏州"社会文明程度高"的城市名片越擦越亮。2020年11月20日，全国精神文明建设表彰大会上，苏州市、张家港市、常熟市确认保留荣誉称号，太仓市、昆山市入选第六届全国文明城市，苏州实现全国文明城市"满堂红"。

苏州之所以能成为今日之苏州，最大的成就不仅仅在于经济数据，更在于广大干部群众在敢闯敢试、你追我赶的火热实践中形成了最可贵的精神力量。

苏州于时代机遇中凝聚精神力量

站在实现"两个一百年"奋斗目标的历史交会点上，面对"一带一路"倡议，以及长江经济带、长三角一体化、自贸区建设等多项国家战略叠加实施的历史机遇，苏州正从习近平新时代中国特色社会主义思想中找寻方向、汲取力量，在实践中不断丰富提升"三大法宝"的时代内涵，努力创造出"第四大法宝""第五大法宝"。

2023年7月5—7日，习近平总书记赴江苏苏州、南京等地考察调研，并听取了省委和省政府工作汇报。这也是党的十八大以来，总书记第四次来到江苏。

此次考察中，习近平总书记要求江苏在推进中国式现代化中走在前、做示范，谱写"强富美高"新江苏现代化建设新篇章。

苏州城东，金鸡湖畔，苏州新地标"东方之门"高耸入云，见证了这座古老历史名城的现代蝶变。2023年7月5日下午，习近平总书记刚抵达苏州，即乘车前往苏州工业园区。

20世纪90年代，一项中国和新加坡政府间的重要合作项目——中新苏州工业园区落地苏州。近30年来，姑苏城外的水田鱼塘发生沧桑巨变，成为一座现代化高科技园区：集聚近2500家国家级高新技术企业、

62家上市企业，累计创造近1.5万亿美元的进出口总值，在商务部国家级经开区综合发展水平考评中实现"七连冠"。

180吨级新能源电驱动系统，可折叠卷曲柔性屏，硅立方浸没液冷计算机，纳米真空互联实验站……苏州在高端装备制造、新一代信息技术、纳米新材料、生物医药等领域的"明星产品"琳琅满目。

古城新韵，传承与创新并蓄的国际化城市典范

一座姑苏城，半部江南诗。

从春秋伍子胥建阖闾大城至今，苏州已有2500多年建城史。时间流淌，这座城市的历史和文化记忆得以保存延续。

2023年7月6日上午，习近平总书记来到位于苏州古城东北隅的平江历史文化街区实地考察古城保护和文化传承并深刻指出，建设中华民族现代文明，是推进中国式现代化的必然要求，是社会主义精神文明建设的重要内容。

在街边一家商铺内，总书记见到了苏绣代表性传承人卢建英。习近平总书记说："中华文化的传承力有多强，通过这个苏绣就可以看出来。像这样的功夫，充分体现出中国人的韧性、耐心和定力，这是中华民族精神的一部分。"

非遗传承人乔兰蓉正在店内制作桃花坞木版年画，见到总书记来了，热情邀请总书记体验一下。将颜料均匀平刷在雕版上，再小心套印在画稿上……一幅苏州地区极具代表性的年画作品《一团和气》跃然纸上。总书记说："《一团和气》年画的寓意很好，我们要推动形成一团和气的社会氛围！"

总书记说："住在这里很有福气，古色古香，到处都是古迹、到处都是名胜、到处都是文化。'百步之内，必有芳草'，这句话可以用在这里。""我慕名而来，昨天看了苏州工业园区，今天又来看了苏州的优秀传统文化。苏州在传统与现代的结合上做得很好，这里不仅有历史文化的传承，而且有高科技创新和高质量发展，代表未来的发展方向。平江历史文化街区是传承弘扬中华优秀传统文化、加强社会主义精神文明建设的宝贵财富，要保护好、挖掘好、运用好，不仅要在物质形式上传承好，更要在心里传承好。"

从历史上看，苏州其实一直是有着国内国际突出影响的城市，社会经济文化的方方面面，在国内包括世界范围内始终都有着特殊的一席之地，这无疑正是苏州这座城市特有的城市化底蕴和基因所在。特别是改革开放以来，欣逢全球一体化的时代潮流和中国全方位国际化发展的千年机遇，苏州

坐落于苏州景德路的□□内，其主题陈列分为宫廷刺绣与民间刺绣艺术两大板块。□藏有自唐宋元明清各代的□□品，如用于包裹经书的精□□等。在近代绣品展区，则重□□了刺绣大师沈寿的传世佳作□

城市化的进程迎来了前所未有的高质量提升，经济发展活力满满。

　　苏州是全国第二大"移民城市"。苏州的常住人口数量为1295.80万，其中近半数为外来人口。城市人口密度约为1496人每平方千米，低于东京、纽约、香港和上海等城市，发展空间依然很大。

　　苏州的综合交通体系初步形成。苏州拥有近620千米高速公路，密度达到中等发达国家水平；苏州港年吞吐量排名全球内河港第一；轨道交通运营线路总长250千米；截至2023年9月底，苏州市域内铁路通车总里程为324.4千米，在建里程338.6千米，"丰"字形铁路网已具雏形。

　　苏州年度地区生产总值超2万亿元。人均地区生产总值19.06万元，折合2.69万美元，大致相当于巴黎的42.7%、纽约的21.3%、东京的43.5%、伦敦的33.9%。苏州是国际人才集聚高地。在苏州工作的外国人有1万多人，其中，高端外籍人才占全省的43%。苏州吸引了世界120多个国家和地区的1.7万家外资企业。此外，规模以上工业总产值连续7年稳定在3万亿元以上的城市，全国一共有3个，苏州是其中之一。

　　苏州经济规模跻身世界城市前列。从全球角度来看，苏州地区生产总值已经处于世界城市前20强之列。其中苏州工业园区，人均地区生产总值达4.42万美元，已经接近或者达到发达国家水平。

　　苏州是中国世界文化遗产最丰富的城市之一。2018年11月1日，联合国世界遗产城市组织第三届亚太区大会授予苏州全球首个"世界遗产典范城市"称号，以表彰苏州在世界文化遗产保护工作中的杰出成就与不懈努力。

　　苏州多年蝉联全球最宜居城市中国内地第一。苏州的特点就是：2500多年历史深厚、古韵今风、富有人文气息、人才集聚、经济实力强、环境自然和谐、交通便捷、美食丰富、生活安乐。

苏州曾连续10多年当选"外籍人才眼中最具吸引力的中国城市",是唯一同时获得"联合国人居环境奖"和"李光耀世界城市奖"的城市;先后被国际组织和媒体评为"全球新兴科技城市""中国投资环境金牌城市""中国大陆最佳商业城市"等。苏州不但有着雄厚的经济基础和持续稳定的增长性,而且其历史文化的悠久、古城保护的典范、宜居环境的优越,正使其以鲜明的特色在城市化和国际化进程中脱颖而出。

2023年,习近平总书记考察江苏苏州时说:

"代表未来的发展方向"。

"让我对实现高水平科技自立自强有了底气"。

"我们要推动形成一团和气的社会氛围"。

"住在这里很有福气"。

这是对苏州的肯定,更是对苏州的期望!

苏州也因此有了新的城市形象品牌——底气之城、和气之城、福气之城。

"底气之城、和气之城、福气之城",是苏州新的时代定位和目标追求,也是苏州人奋进新时代新的精神力量!

（本书主要数据截至2023年底）